세상에 대하여
우리가
더잘 알아야 할
교양

51

지은이 소개

지은이 **전채은**

서울에서 태어나 대학에서 중국철학과 한국사를 전공했습니다. 졸업 후 평범한 직장생활을 하다 우연히 개 한 마리를 구조한 이후 동물에 관심을 가지게 되었습니다. 환경운동연합 회원 활동을 시작으로 야생동물의 복지와 감금 사육 문제에 관심을 갖고 '동물을위한행동'이라는 전문 동물 보호 단체를 설립했습니다. 동물 복지를 위한 활동은 동물을 위한 것임과 동시에 인간의 폭력성을 제어하고 다양한 사회구성원이 평화롭게 공존하기 위해 필요한 활동이라고 보고 다양한 활동을 전개하고 있습니다.

세 상에 대하여
우리가
더 잘 알아야 할
교양

전채은 지음

51

동물원

좋은 동물원은 있을까?

내인생의책

차례

※ 본문의 **굵은 글씨**로 표시된 단어는 111페이지 용어 설명에서 찾아보세요.

들어가며 : 좋은 동물원과 나쁜 동물원은 어떻게 구분할까?

사람은 살아가는 동안 동물원에 세 번 간다는 말이 있습니다. 어릴 적엔 소풍을 위해, 성인이 되어서는 데이트를 위해 그리고 아이를 낳은 후에는 가족과의 여유를 즐기기 위해서 말이에요.

제가 어릴 적 소풍 후에 친구들과 사진을 찍었던 장소는 '코끼리 관' 앞이었습니다. 그때를 돌이켜보면 코끼리는 냄새도 나고 몸집도 큰 동물이었지만, 반면 친근함과 부드러운 인상을 주는 동물이기도 했습니다. 코끼리라는 말보다는 '코끼리 아저씨'라는 말로 더 자주 부르기도 했던 기억이 납니다. 하지만 그런 순한 코끼리들이 동물원에서 탈출한 사건이 있었습니다. 이것은 다른 나라도 아닌 우리나라에서 십여 년 전 발생한 사건이지요.

왜 그런 일이 일어났을까요? 그때는 단지 코끼리가 자신의 맹수 본능을 이기지 못해 우리에서 탈출했다고 생각했습니다.

그러다 강아지를 키우기 시작하면서부터, 동물도 사람과 감정을 주고받을 뿐 아니라 기쁨, 슬픔 등 사람이 가진 감정을 모두 가지고 있다는 것을 알게 되었습니다. 그래서 동물을 사랑하게 되었지요. 그 뒤 얼마 지나지 않아, 동물을 사랑하게 된 사람이니 당연히 동물원을 찾아봐야 한다는 생각을 했습니다. 하지만 동물을 사랑하기 시작한 이후에 본 동물원에 대한 인상은 어릴 적 보고 느꼈던 그것과는 사뭇 달랐습니다.

지친 표정을 한 동물들이 좁고 열악한 전시관 안에서 우두커니 앉아 있었습니다. 그리고 사람들은 그 동물들을 움직이게 하기 위해 소리를 지르고, 창살이나 유리를 두드려 댔습니다. 만약 내가 사는 집이 유리와 창살 혹은 넘을 수 없는 물길로 둘러쳐져 있고, 내가 사는 모습을 다른 사람들이 속속들이 들여다본다면 과연 나는 행복한 삶을 살 수 있을까요? 쉴 새 없는 외침과 두드림 속에 휴식이 없는 삶은 그들에게 어떤 의미가 있는 걸까요? 그들을 위해 무언가 해야 한다고 생각했고, 동물원 동물들에게도 행복한 삶을

▌ 사슬로 묶여 있는 동물원 코끼리. 동물이 느끼는 감정과 본능은 사람과 다르지 않다. 우리는 코끼리가 동물원을 탈출한 사건이 과연 무엇을 의미하는지 진지하게 생각해 보아야 한다.

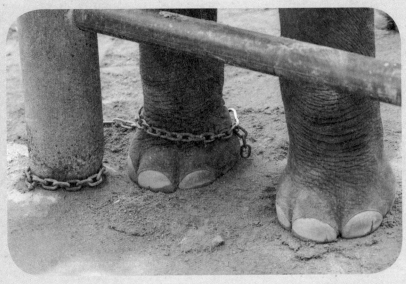

▌우리는 동물원 동물들이 행복해질 수 있는 방법을 함께 고민해야 한다. 동물이 행복하지 않으면 그들을 바라보는 인간도 결코 행복해질 수 없다. 이에 앞서 좋은 동물원과 나쁜 동물원을 구별할 수 있는 안목을 키우는 일이 이루어져야 한다.

만들어 주어야 한다고 생각했습니다.

동물의 삶에 대해 고민하고, 동물원의 현실에 대해 점차 알아가면서 저에게는 많은 고민이 생겼습니다. 어떤 사람들은 점점 자연과 멀어지는 우리들에 대한 학습 효과 차원에서, 혹은 사라져 가는 동물종을 보존한다는 차원에서 동물원은 아직 필요하다고 주장합니다. 반면 자연의 환경과는 어차피 다를 수밖에 없는 동물원과 동물원이 벌이는 상업적 행태를 보며 세상의 모든 동물원은 없어져야 한다고 말하는 사람도 있습니다. 모두 일리 있는 말이지만 현실적으로 세상의 동물원을 모두 없앨 수는 없는 일입니다. 자연의 균형이 깨어져 이미 자연 속에서는 살 수 없는 동물들은 동물원과 같은 인간의 도구에 기대지 않으면 다음 세대를 기약할 수 없는 것이 현실이니까요. 훗날 동물원이 필요 없을 정도로 인간의 기술이 발전할 수도 있지만, 그때까지는 오히려 동물원을 더욱 동물원답게 만들어 가야 하지 않을까 합니다. 인간을 위한 동물원이 아닌 '인간과 동물' 모두를 위한 동물원으로 말이지요. 이른바 '좋은 동물원'입니다.

그렇다면 어떤 동물원이 좋은 동물원일까요? 그리고 어떤 동물원을 나쁜 동물원이라고 부를까요? 그것을 위해 저는 동물원의 역사와 오늘날 동물원의 현실 그리고 동물원에 있는 동물들의 입장을 하나하나 돌아보려 합니다. 그 과정에서 우리가 만들어야 할 좋은 동물원의 모습도 그려 가고 싶습니다. 그러면 잠시 숨을 돌리고, 다음 장을 넘겨 보세요. 시작은 기구한 운명의, 얼마 전 다큐멘터리 영화로 만들어지기도 했던 호랑이 '크레인'에 대한 이야기입니다.

동물원의 존재 이유

많은 동물원이 사라져 가는 동물 종을 보전하기 위해 동물원이 필요하다고 주장합니다. 그러나 그것만이 진실일까요? 동물원의 환경은 동물이 원래 살던 환경과 결코 같지 않습니다. 그리고 우리 중 아무도 그들이 진정 원해서 동물원에 살고 있는지 묻지 않습니다.

2003년경 〈작별〉이라는 다큐멘터리를 보게 되었습니다. 다큐멘터리 속에서는 한 동물원이 등장합니다. 그리고 갓 태어난 새끼 호랑이의 사연을 주로 다루었습니다. 영화 속 주인공 호랑이의 이름은 '크레인', 태어날 때부터 몸이 약한 탓에 자라면서 강건해지라고 사육사들이 붙여 준 이름이었습니다. 그러나 호랑이 크레인이 건강해지는 일은 일어나지 않았습니다. 영화 속에서 내게 가장 충격적으로 기억에 남는 장면은 목줄이 채워진 호랑이가 낑낑대면서 울자, 사육사가 남긴 한마디 말이었습니다.

"이래야 너도 편하고 우리도 편해."

야생동물이 동물원 같은 한정적인 공간에서 살기 위해 적응시키는 과정을 '순치'라고 합니다. 동물원에 갇힌 호랑이 역시 엄밀히 말하면 야생동물입니다. 왜냐하면 그들이 가축화되어 소, 돼지, 닭, 말처럼 완전히 유전적으로 야생동물과 달라졌다는 증거는 하나도 없기 때문입니다. 그리고 맹수에 속하는 호랑이는 자신이 앞으로 계속 갇혀 지내야 하는 처지이며, 때로는 목줄로 자유가 억압되기도 한다는 사실을 받아들여야만 합니다. 자신의 의지와는 상관 없이 말이지요.

물론 야생동물이 동물원에서 살게 되는 이유는 소, 돼지, 닭 같은 가축과는 다릅니다. 문제는 이들이 동물원 같은 인위적이고 좁은 공간에서 살아야 한다는 점이지요. 동물원은 야생 서식지와는 완전히 다른 공간입니다. 면적도 좁고 원래 동물들이 살던 자연 생태계와는 전혀 다른 환경 조건을 가지고 있습니다. 전 세계적으로 동물원 동물의 복지 문제를 제기하는 시민운동이 생긴 것은 바로 이런 이유 때문입니다.

야생동물을 순치하지 않으면 동물도 괴롭고 그 동물을 돌보는 사람도 괴로울 수밖에 없을 것입니다. 그런데 순치가 끝난 동물들은 동물원 안에서 행복하게 지내고 있을까요? 만약 그들이 행복하지 않다면 왜 우리는 그들을 계속 가두어두려고 하는 것일까요?

부도난 동물원, 비극의 종말

크레인은 근친 교배를 통해 태어난 호랑이입니다. 체력이 약하게 태어났고, 자라면서 백내장이 생겼으며, 안면 기형도 심해서 입을 다물지 못할 정도였습니다. 시간이 흘러, 크레인은 원주의 한 작은 동물원으로 팔려갔습니다.

2004년의 일이었습니다. 크레인이 살고 있던 동물원은 몇 번의 부도가 났고, 경제적으로 어려워지자 동물들이 굶주리고 있다는 여론이 지역 사회에 널리 퍼져 갔습니다. 경제적으로 어려워져 더는 동물원을 운영할 수 없게 되었다면 다른 업자가 나서서 동물원을 다시 운영하거나, 남아 있는 동물을 다른 곳으로 보내는 것이 합리적인 방법일 것입니다. 당시 언론에 소개된 동물원의 모습은 참담 그 자체였습니다.

유럽불곰 두 마리의 털 색깔은 어둡고 까칠했으며 눈빛도 탁했습니다. 몸집은 다른 동물원의 불곰보다 훨씬 작았습니다. 명백한 영양 부족 상태였습니다. 대부분의 동물들이 그런 상태였습니다.

▍크레인은 근친 교배를 통해 태어난 호랑이로, 안타깝게도 체력이 매우 약하게 태어났다.

그런데 경제적으로 어려워진 동물들을 관리할 법적 근거가 없다는 것이 가장 큰 문제였습니다. 동물원이 문을 닫으면, 그 후 그들은 어떻게 처리될 것인가? 누가 그 처리를 담당할 것인가? 하지만 이 문제에 책임을 질 사람이나 기관은 하나도 없었습니다.

〈작별〉이라는 다큐멘터리를 통해 아기 호랑이 크레인을 카메라에 담았던 황윤 감독과 함께, 2012년 11월에 그 지방 동물원을 찾아갔습니다. 황윤 감독이 마지막으로 크레인의 모습을 본 것은 2006년경이었다고 했습니다. 그 뒤 6년이나 시간이 지났으니 아직 그대로 있을지 아니면 다른 곳으로 갔을지 확인이 어렵다고 말했습니다. 그래서 우리는 그 동물원의 호랑이가 크레인이 맞는지 직접 확인해 보기로 했습니다.

폐쇄 동물원의 심각한 실상

이제는 관람객이 거의 방문하지 않는 황량한 동물원. 어느덧 겨울이 다가오고 있었고, 우리는 원주의 그 동물원 사육사를 찾았습니다. 직원들도 거의 동물원을 떠난 상태였습니다. 우리가 크레인의 외모와 이름을 말하자, 사육사는 바로 크레인임을 확인해 주었습니다.

"아, 크레인. 맞아요. 이름이 크레인."

이 동물원을 찾을 수 있었던 건 시민들의 제보 덕분이었습니다. 많은 시민들이 제보를 해 주었거든요. 그 동물원에 가면 침 흘리는 호랑이가 있다고 말이지요. 크레인은 자라면서 안면 기형이 생겼습니다. 이빨이 앞으로 툭 튀어나와 잘 닫히지 않았지요. 그렇게 황윤 감독은 6년 만에 크레인과 재회했습니다.

크레인이 있던 동물원은 당시 제대로 된 운영이 불가능한 상태였습니다. 동물원을 폐쇄하고 남아 있는 동물을 다른 곳으로 보내는 일이 절실히 필요했습니다. 그런데 이 일을 나서서 할 법적 주체가 없었습니다. 개인이 운영하는 동물원이니 법적 주체인 주인이 알아서 처리하면 그만이었지요. 하지만 제대로 운영을 못 해서 동물들이 밥을 굶든지 치료를 못 받든지 하는 일은 중요하게 여기지도 않았던 모양입니다. 아무도 법적 책임을 질 필요도 없는 상태였지요. 결국 동물보호 활동가들이 서명운동을 시작했고, 이를 계기로 동물원법 제정 논의가 국회에서 이루어졌어요.

원래 크레인이 태어난 곳은 서울동물원이었습니다. 태어난 뒤 다른 동물원으로 팔려간 것에는 서울동물원의 책임도 있으니 크레인만이라도 서울동물원에서 책임져 주었으면 한다는 트윗을 당시 박원순 서울시장에게 보냈었지요. 그랬더니 기적처럼 답변이 왔어요.

사례탐구 우리나라에서는 누구나 동물원을 만들 수 있다?

2016년까지 우리나라에는 동물원을 관리하는 법이 없었다. 2016년 마침내 동물원법(동물원 및 수족관의 관리에 관한 법률)이 국회를 통과했지만, 엄격하지 않아 직원 몇 명과 10종 및 50개체 이상의 동물을 보유하고 있으면 누구나 동물원을 만들 수 있다. 최근 카페에서 동물을 전시하는 곳이 늘어나고 있는데 동물에 대한 어떤 전문적 식견이 없는 사람들도 쉽게 동물원을 만들 수 있어 논란의 여지가 있다. 또한 동물원 설립에 수의사의 채용이 의무화되지 않은 것 역시 문제다.

"크레인이 서울대공원으로 돌아올 수 있도록 최선을 다하겠습니다."

한 달 뒤, 우리는 서울동물원 직원들과 함께 원주에서 서울대공원까지 크레인을 이동시켰습니다. 크레인을 마취시키고 우리에 담은 뒤 트럭에 태웠지요. 서울대공원에 도착한 것은 아주 어두워진 후였어요. 도착하자마자 크레인의 몸무게를 쟀지요.

크레인은 시베리아호랑이입니다. 수컷 시베리아호랑이는 다 크면 몸무게가 약 300킬로그램까지 나가는데 크레인은 고작 170킬로그램이었어요. 심각한 영양 부족 상태였지요. 그 후 크레인은 서울동물원 사육사들 모두가 신경 쓰고 사랑하는 호랑이가 되었고, 2017년 7월 25일 세상을 뜰 때까지 잘살 수 있었습니다. 근친 교배로 태어나는 동물들 중 다수가 몸이 약해 일찍 죽는데 크레인은 그에 비하면 제 수명을 다 누렸다고 볼 수 있습니다.

동물원은 정말 '종 보전 기관'일까?

크레인처럼 근친 교배로 태어나는 경우가 자주 생기는 이유는 무엇일까요? 세상의 동물원들이 환경단체로부터 공격받기 시작한 것은 20세기 중반 이후였어요. 동물원에 있는 수많은 동물들은 야생동물인데, 동물원에서 야생동물을 가두어 전시하는 일은 동물을 학대하는 일이 아니냐는 주장이었지요. 대부분의 동물원들은 이에 대처하기 위해 다음과 같은 상반된 주장을 펼치지요.

"우리는 종 보전 기관이에요."

그런데 동물원이 종 보전 기관으로서 역할을 한다는 것은 다음과 같은 의미에요.

생태계가 불균형적으로 파괴되고 있어 일부 동물들은 멸종위기종이 되어 가고 있습니다. 만약 서식지 파괴가 더 진전되어 종이 절멸한다면 이후 생태계에서 그 종을 복원하기는 어려워집니다. 그 전에 살아 있는 동물의 유전자를 보유해야 하는데 그 역할을 바로 동물원이 하고 있다는 것입니다. 그런데 크레인은 시베리아호랑이이고 전 세계적으로 시베리아호랑이의 개체 수가 너무 적어서 번식을 해도 근친 교배가 될 가능성이 굉장히 높아졌습니다.

사례탐구 **시베리아호랑이의 개체 수**

밀렵이 성행하고 서식지가 줄어들어 시베리아호랑이의 개체 수가 급격히 감소하고 있다. 이는 시베리아호랑이에 대한 보호 노력이 충분하지 않다는 사실을 방증하고 있다. 현재, 남아 있는 시베리아호랑이의 개체 수는 정확하지는 않으나 전 세계적으로 50여 마리만이 남아 있는 것으로 알려져 있다.

▌ 아시아 지역의 어느 암시장에서 죽은 표범을 팔고 있다.

그래서 근친 교배가 되면 건강하지 못한 동물이 태어나게 되는 거랍니다.

유전자 보유를 위해 번식을 하려면 유전자 검사를 통해 순종 여부를 따져야 하고 **아종**도 섞이지 않도록 해야 합니다. 호랑이는 전 세계적으로 시베리아호랑이, 벵갈호랑이를 비롯한 9종의 아종이 있습니다. 3종인 자바호랑이, 발리호랑이, 카스피언호랑이는 멸종되었으며, 시베리아호랑이, 수마트라호랑이, 벵갈호랑이, 아모이호랑이, 말레이호랑이, 인도차이나호랑이 6종이 남아있습니다. 종 보전을 위해서는 겉에서 보면 비슷해 보여도 이들은 서로 다른 아종이라 섞여서는 안 되지요. 그리고 또한 같은 시베리아호랑이라도 유전적으로 가까운 개체끼리 교배를 시켜서는 안 됩니다. 우리 인간도 근친끼리 결혼해 아이를 낳고 이것이 대를 거쳐 계속 반복되었을 때 여러 유전적 질병에 걸릴 위험이 커지지요. 그래서 유전자 검사를 통해 이런 위험도를 없애는 것이랍니다.

그런데 크레인이 태어날 때쯤에는 **유전학** 연구가 그리 많이 진전되지 않은 상태였습니다. 육안으로 보이는 털 색깔과 무늬만 보고 모두 같은 시베

생각해 보기

근친 교배로 인한 부작용으로 신체 능력의 저하, 체형의 왜소화, 생식 능력의 감퇴, 기형아의 출현 등이 있다. 유전적으로 가까운 개체끼리의 교배를 피해야만 종의 번식이 건강하게 이어진다고 할 수 있다. 자연 상태에서의 근친 교배는 피할 수 없다 하더라도 동물원에서 이루어지는 근친 교배는 얼마든지 예방할 수 있다. 그렇다면 동물원에서 근친 교배가 일어날 수밖에 없는 가장 큰 이유는 무엇일까?

▌ 멋진 모습과 희소함 때문에 인기가 많은 백호는 오직 근친 교배로만 태어난다.

리아호랑이라고 단정 지을 수는 없습니다. 하지만 그때는 유전학 연구가 그 정도 수준밖에 되지 않았지요. 동물원에서 근친 교배가 일어나는 경우는 대체적으로 세 가지 경우가 있다고 해요.

첫째, 유전학이 발달하지 않은 상태에서 동물을 들여와 번식했는데 나중에 유전학 연구가 발전해 잡종화가 드러난 경우입니다.

둘째, 새끼 동물을 선호하는 동물원이 근친 교배가 일어나도 이를 모른 척한 경우입니다.

셋째, 전시장이 너무 좁아 교배를 막기 힘든 경우입니다.

대부분 번식할 때가 되면 잡종화가 이루어질 가능성이 있는 암수는 미리 격리하는데, 전시장을 바꾸는 과정에서 순식간에 근친 교배가 이루어지게 된 것이지요. 동물원이 정말 종 보전의 역할을 잘 수행하고 있는지 생각해 보게 하는 계기를 가져다준 일은 또 있습니다.

동물원을 난감하게 한 로스토프

2013년 11월 서울동물원에서 사육사가 호랑이 '로스토프'에게 물려 죽은 사건이 발생했습니다. 당시 쟁점은 '맹수관에 들어가는데 왜 한 사람만 있었느냐'는 것과 '사람을 죽인 호랑이를 어찌 처리해야 할까?' 하는 것이었습니다. 맹수관에 들어갈 때 두 사람씩 들어가는 것은 동물원에서 지켜야 할 중요한 원칙 가운데 하나입니다. 보통, 맹수관은 실내 전시관과 실외 전시관으로 나뉘어 있어요. 맹수들은 밖에서 햇빛을 쬐고 놀다 밤에 실내로 들어가기도 하고, 청소를 위해 사육사가 들어가면 다른 전시관에서 맹수가 기다려야 하기 때문에 두 전시관 모두 반드시 필요한 공간입니다. 그런데 본래 사나운 맹수다 보니, 사육사들이 다치지 않게 해야 하고, 문이 닫혔더라도 혹시라도 열렸을 가능성을 항시 살펴보아야 하지요. 한 사람이 들어가 전시관을 청소하면 다른 사람이 밖에서 지키는 것은 당연히 지켜야 할 철칙이라고 할 수 있지요. 그런데 그 원칙이 잘 지켜지지 않았던 거지요. 호랑이는 사육사의 목을 물었고, 사육사는 병원으로 실려갔으나 곧 사망했습니다.

물론 사람의 실수이지, 동물의 잘못은 아니지요. 그렇기 때문에 윤리적인 측면에서도 그 호랑이를 죽여야 한다는 주장은 힘을 얻지 못했습니다. 하지만 그 호랑이를 죽이지 못하는 중요한 이유는 하나 더 있었습니다. 그 호랑이는 러시아 푸틴 대통령이 그 당시 이명박 서울시장에게 선물로 준 것이었습니다. 한 국가에서 다른 국가로 동물을 선물할 때 그 동물은 물건 이상의 의미를 가져요. 그 나라에서 가장 중요하고 상징적인 동물을 선물하는 것이기 때문에 받은 나라에서도 소중하게 관리해야 하지요. 그런데 푸틴 대통령이 선물한 호랑이가 사람을 죽였기 때문에 호랑이를 안락사해야 한다면 한국 동물원의 관리 부실을 스스로 인정하는 셈이 되지요. 이건 국가의 자존심으로 볼 때도 매우 창피한 일이고, 러시아에서도 이를 문제 삼을 수 있는 일이랍니다.

한편, 서울동물원에 있던 20여 마리의 호랑이들이 순종이 아닐 수 있다는 논란이 더욱 중요했지요. 당시 유전학적으로 확실한 순종 시베리아호랑이는 로스토프와 펜자뿐이었답니다. 결국, 로스토프가 없으면 우리나라에서 시베리아호랑이의 종 보전은 불가능할 수 있었습니다. 그래서 로스토프는 처분되지 않고 살아남게 된 것이지요.

야생동물에게 맞지 않은 인공적인 동물원

크레인과 로스토프는 동물원이 유전학 연구를 기반으로 한 제대로 된 종 보전 기관이 아닐 수 있다는 점을 알려주었습니다. 그렇다면 동물원이 동물들이 행복하게 살 수 있는 기관이 되려면 어떤 조건이 필요할까요? 동물원은 사람에 의해 인공적으로 만들어진 공간입니다. 자연 생태계라면 동물들이 스스로 균형 있게 조절하면서 살아가지만 동물원은 인공적인 기관이기 때문에 많은 문제점이 발생할 수 있습니다.

첫째, 기후 조건이 맞지 않을 수 있습니다.

둘째, 면적도 자연 생태계와 달리 매우 좁습니다.

셋째, 예산과 기관의 규모에 비해 동물 숫자가 많아지면서 생기는 여러 가지 문제가 발생할 수 있습니다.

동물원이 동물을 보호하는 기관이 아니라 학대하고 있는 것은 아닌가 하는 의문이 시작되는 지점이지요. 과연 동물원은 동물들을 잘 보호하고 있는 곳일까요?

간추려 보기

- 야생동물은 동물원 같은 인위적인 공간에 갇혀 살더라도 본능을 그대로 유지하고 있다.
- 근친 교배를 통해 태어난 동물은 약하게 태어날 뿐 아니라, 면역 기능이 떨어져 질병에 매우 취약하다.
- 경제적으로 어려운 동물원은 동물들의 복지를 절대로 책임져 주지 못한다.
- 폐쇄 동물원들은 남겨진 동물들을 헐값에 팔아 치우거나 동물들을 함부로 처리하곤 한다.
- 동물원은 종 보전 기관으로서의 기능을 제대로 하지 못하고 있다. 또한 근친교배 같은 상황을 그대로 방치해 버리곤 한다.
- 인공적으로 만들어진 동물원에서 야생동물의 삶은 여러 가지 문제점을 가질 수밖에 없으며, 더 나아가 야생동물은 학대에 가까운 삶을 유지할 수밖에 없다.

2

CHAPTER

위태로운 동물원 복지

동물원은 사람을 위한 공간일까요, 동물을 위한 공간일까요? 동물원에 있는 동물들은 상당수가 오락용으로 이용되고 있습니다. 동물을 위한 공간이라고 하지만 사실상 사람을 위한 공간으로 이용되는 것입니다. 과연 동물에게 좋은 동물원이란 어떤 곳일까요?

2014년, 덴마크 동물원에서 열린 한 행사가 전 세계 언론의 주목을 받았습니다. 이 동물원은 마리우스라는 기린을 **안락사** 했고, 이 장면을 전 세계 언론에 생중계했습니다. 더욱 충격적인 것은 이를 지켜보는 시민들 중 아이들도 있었다는 점이었습니다. 마리우스는 건강한 기린이었습니다. 최소한 건강상으로는 안락사를 당할 아무런 이유가 없는 기린이었지요. 무엇보다 동물에 대한 감성이 살아 있는 아이들에게 이를 공개했다는 사실로 이는 전 세계 언론의 주목을 받을 만한 일이었습니다.

안락사는 다음과 같은 방법으로 진행되었습니다. 기린 마리우스의 정수

전문가 의견

극도의 고통을 가장 광범위하고 가장 체계적으로 받으면서도 이 모든 게 사회적으로 허용되는 존재는 인간이 아닌 '동물'입니다.

— 헨리 스피라 동물 운동가

▌ 코펜하겐 동물원 입구. 마리우스를 안락사시킨 덴마크 코펜하겐 동물원은 유럽 내 시민들의 비판에 맞서 '생물 다양성 확보를 위해 필수적인 조치'라고 주장했다.

리에 있는 급소에 도축용 피스톨을 발사하여 기절시킨 후 방혈시켰고, 사망을 확인한 후 사체를 잘라 맹수의 먹이로 주었습니다. 장면 자체도 아주 끔찍했지요.

많은 시민들이 동물원을 즉각 비난했고, 이를 세계동물원수족관협회에 알렸습니다. 그러나 세계동물원수족관협회의 반응은 뜨뜻미지근했습니다. 동물원의 행위를 일방적으로 비난할 수 없다는 것이었습니다. 동물을 사랑하고 보호해야 할 동물원이 동물의 생명을 일방적으로 끊었음에도 정작 전문 기관은 별다른 말을 하지 않는 것일까요? 이 사건은 동물원이 가진 성격과 문제점을 적나라하게 보여 준 대표적인 사례라고 할 수 있습니다.

난감한 동물원의 처지

동물원이 마리우스를 안락사 한 것은 마리우스가 근친 교배를 통해 태어난 개체이기 때문이었습니다. 자연 상태에서 동물들은 자연적으로 근친 교배를 피합니다. 근친 교배는 유전적 다양성이 결여되어 결국 그 종의 생존을 위협하는 중요한 요소가 되기 때문입니다. 하지만 동물원에서 이런 일이 종종 벌어지는 이유는 무엇일까요? 그것은 바로 동물원이 인위적으로 동물을 가두어 두는 곳이기 때문입니다. 자연 상태를 벗어나면 동물들의 삶은 매우 다르게 변합니다. 동물이든 식물이든 환경(자연)과 결코 동떨어져 존재할 수 없기 때문이지요.

기린은 IUCN(국제자연보전연맹)에서 선정한 관심필요 종입니다. 다시 말하면 멸종위기종이 될 가능성이 높다는 뜻이지요. 동물원이 해야 할 중요한 기능 중 하나는 '종 보전'입니다. 현재 자연 생태계가 불균형적으로 파괴되어 가다 보니, 멸종위기종에 속하는 동물을 보유하는 것은 살아 있는 동물의

알아두기

국제자연보전연맹(International Union for Conservation of Nature and Natural Resources; IUCN)은 자연과 천연 자원을 보전하고자 설립된 국제 기구다. 현재 국가, 정부 기관 및 NGO의 연합체 형태로 발전한 세계 최대 규모의 환경 단체다. 1948년에 설립되었으며 본부는 스위스의 제네바 인근의 글랑에 위치해 있다. IUCN은 국가 회원(87개국), 정부 기관(117개), 비정부 기구(919개) 및 제휴(협력) 기관(33개) 등 총 1,156개 회원 기관 단체와 11,000여 명의 전문가가 활동하고 있다.

ICUN에서는 절멸 가능성이 있는 야생생물의 명단을 만들어, 그 분포나 생식 상황을 자세히 소개하고 있다. ICUN 안내 책자의 커버는 위기를 뜻하는 빨간색 표지라서, 이 책에 기재된 야생생물의 명단을 '레드 리스트'라고 부른다. 1966년부터 작성되었으며, 환경부에서는 한국어판을 발행하고 있다. 환경부에서는 종의 보존법에 따른 희소 식물의 보호나 무질서한 자연 파괴를 방지하는 환경 평가의 기초 자료로도 활용하고 있다. 절멸종, 위기근접종, 자생지절멸종, 관심필요종, 심각한 위기종, 자료부족종, 멸종위기종, 평가불가종, 취약종 등으로 각각 나뉜다.

유전자를 보전하는 일이라고 할 수 있습니다.

따라서 동물원이 동물들을 보유하면서 지켜야 할 원칙은 동물들이 번식을 하더라도 생물학과 유전학의 원칙에 따라 아종이 섞여 잡종화되거나 근친 교배가 되는 일을 막아야 한다는 사실입니다. 그런데 마리우스는 근친 교배로 태어난 새끼였습니다. 동물원 측이 근친 교배를 막기 위해 다양한 노력을 기울인다 해도 실수는 발생할 수 있지요. 원칙상으로 보면, 실수로 마리우스 같은 기린이 태어난다 해도 이런 기린을 태어나게 한 동물원이 끝까지 책임을 진다는 의미에서 마리우스를 평생 잘 보호해 주어야 합니다.

동물원이 겪고 있는 모순 상황

하지만 동물원은 인위적으로 만들어진 공간입니다. 또한 주어진 예산에 맞춰 동물을 보호해야 하기 때문에 여러 문제들이 발생하기도 하지요. 가장 큰 문제는 공간의 협소함에서 오는 문제입니다. 동물원은 한정된 공간 안에서 동물을 보호하고 있어, **번식** 후 개체 수가 늘어나는 문제에 늘 부딪히기 마련입니다. 대부분의 동물원이 남아돌아가는 동물들을 다른 동물원에 팔거나 교환하고 있습니다. 하지만 수요와 공급이 항상 계획대로 맞아떨어지지는 못하지요. 그래서 어떤 동물들은 현재 자신이 살던 곳보다 더 열악한 곳으로 팔려가기도 합니다.

이런 경우 동물원이 '동물을 이용하다 버렸다'는 비난을 받게 됩니다. 덴마크 동물원이 마리우스를 안락사 한 배경에는 근친 교배로 태어나 종 보전 가치가 없는 동물을 무리하게 보호하면서 전체 동물원 안의 복지를 저해하기보다, (다른 동물들의 복지를 위해) 자신들이 이를 책임지겠다는 의미를 담고 있습니다.

생각해 보기

동물원 중에는 많은 관람객을 끌기 위해 동물을 이용하는 자극적인 공연을 하거나 상업적이고 오락적인 프로그램을 운영하는 곳이 있습니다. 겉으로는 야생동물의 종 보전을 위해 존재하는 것처럼 선전하면서 사실은 동물을 이용해 돈을 버는 것이지요. 이런 곳에서는 동물이 아파도 잘 치료해 주지 않는 경우도 있습니다. 치료비보다 새 동물을 사오는 것이 더 경제적이기 때문입니다. 그러나 동물을 잘 보호하는 데에는 돈이 들어갑니다. 동물원이 어떤 방법으로 동물의 복지를 지키면서도 운영에 들어가는 비용을 충족시킬 수 있을지 생각해 볼까요?

물론 동물원의 판단은 잔인한 것이었습니다. 그러나 문제는 동물원에서는 늘 동물들의 개체수가 늘어날 수 있다는 점입니다. 우리는 마리우스 사건을 통해 동물원이 가지고 있는 모순이 어떤 것인지 짐작할 수 있습니다. 개체 수가 늘어나면 동물들의 복지 문제가 늘 발생합니다. 이는 동물들의 삶의 질에 문제가 생긴다는 뜻입니다. 그렇기 때문에 우리는 동물원 내에 이런 문제가 생기는 원인을 찾아볼 필요가 있습니다.

간추려 보기

- 마리우스를 안락사 한 덴마크 동물원은 종 보전을 위해 반드시 필요한 조치였다고 주장했다.
- 자연 상태에서는 거의 근친 교배가 이루어지지 않지만, 인위적인 공간인 동물원에서는 근친 교배가 이루어지는 일이 자주 발생한다.
- 기린은 '국제자연보전연맹'에서 지정한 관심필요종에 속해 있다.
- 동물원은 근친 교배로 태어난 동물에게도 관심과 사랑을 쏟아야 하지만 실상은 그렇지 못하다.
- 동물원은 예산에 맞추어 운영되기 때문에 필요에 의해 동물을 더 열악한 공간으로 팔아 버리는 경우도 많이 있다.
- 동물원의 동물 복지에 대한 문제는 어제오늘의 문제가 아니며 그 상황은 매우 심각하다.

동물원의 역사

아주 오랜 옛날부터 희귀한 동물을 소유한다는 것은 자신의 신분을 과시하는 수단이기도 했습니다. 그 뒤 19세기를 거치면서 동물원은 취미의 영역을 넘어 일종의 산업이 되었지요. 동물의 입장을 고민하는 동물 복지 개념이 나타난 것은 비교적 최근의 일입니다.

동물원이란

용어는 근대 이후에 형성된 개념입니다. 야생동물을 포획한 역사는 상당히 오래되었습니다. 고대부터 귀족이나 왕이 정복지에서 구한 야생동물을 자신의 소유로 만들던 시대가 있었습니다. 야생동물은 진귀했고 누구나 소유할 수 없는 존재였지요. 보유하는 것 자체가 신분의 높이를 의미했습니다.

▌ 19세기 말 건축된 워데스던 저택과 정원. 19세기에 귀족들에게 있어 동물은 부와 권력의 상징이 되었다. 귀족들은 야생동물을 가지면서 자신이 가진 부와 권력을 타인에게 마음껏 뽐낼 수 있었다.

그러나 19세기 제국주의 시대에 유럽 여러 나라가 아시아와 아프리카로 진출하면서 동물을 포획해서 데리고 오는 숫자가 더욱 늘어났습니다. 무엇보다 이 동물들은 돈이 되었습니다. 동물은 일부 귀족이나 특권층이 보유하는 진귀한 물건 그 이상이 되었습니다. 동물을 사고팔고 전시하는 것이 하나의 산업으로 발전했습니다.

잔혹한 사냥의 시기

19세기 유럽 사회는 **시민혁명**으로 특권층이 무너지고 새로운 계층이 들어선 시기였습니다. 자본주의를 만든 부르주아 계층은 신분제를 타파하고 시민들이 주도하는 문화를 만들어 냈지요. 당시 **자본주의**의 부흥은 제국주의를 만들어 냅니다. 축적된 자본을 투자할 곳과 산업 발전에 필요한 자원을 공급받을 곳을 찾아 전 세계로 나서게 된 것이지요. 주로 열대와 아열대 지방에 위치한 아시아와 아프리카가 주 대상이 되었습니다. 다이아몬드, 석유, 작물도 중요한 상품이었지만 동물 역시 중요한 자원이 되었습니다. 코끼리의 **상아**는 유럽 등지에서 비싼 장식품을 만드는 데 쓰였고, 코뿔소의 뿔은 약재로 팔리기도 했습니다. 이를 얻기 위해서는 잔혹한 사냥의 과정이 함께

전문가 의견

인간이 주도해 자연 세계를 길들이고 개선해야 한다.

– 후퍼와 웨스턴 사진작가

┃ 근대 동물원의 효시로 불리는 쇤부른 동물원이 위치한 오스트리아 빈의 쇤부른 궁전. 쇤부른 동물원은 강력한 왕권의 상징이자 유희의 공간이었다.

있었습니다.

공연용으로 쓰는 대형동물들 중 다 큰 어른 동물은 순치가 매우 어려웠습니다. 앞서 설명했듯이 '순치'란 야생동물을 좁고 인위적인 전시 공간에 적응하도록 만드는 과정이지요. 따라서 야생에서 새끼 동물을 데려와야 했습니다. 그런데 무리생활을 하는 동물의 경우 대부분 **모성**이 강하기 때문에 새끼가 잡혀가는 것을 가만히 두지 않습니다.

사냥꾼이 어미로부터 새끼를 떼어 내는 과정에서 어미는 큰 상처를 입기도 하고, 사냥꾼들도 다치기 십상이었지요. 그래서 새끼 한 마리를 잡기 위해 어미와 가족 모두를 몰살하는 방법이 동원되었습니다. 이것은 매우 잔인했지만 한두 마리를 포획해 유럽으로 가져가면 큰돈이 되었기 때문에 사회적으로 용인되었답니다. 희귀한 동물들은 유럽으로 잡혀 왔고, 시민들 앞에 그대로 전시되었습니다.

동물 전시 그리고 동물 쇼

세계 최초의 동물원은 '쇤부른 동물원'이라고 말합니다. 1752년 마리아 테레지아 황녀의 남편인 슈테판 공은 아프리카를 여행하면서 수집한 희귀한 동물을 쇤부른 궁전에 모아 두었습니다. 그 후 1765년 이 동물들이 일반인에 공개되면서 쇤부른 동물원이 동물원의 시초가 되었습니다. 그러나 본격적인 근대식 동물원은 런던 동물원의 건립 이후였습니다.

1828년 런던 동물원 이후 유럽의 여러 나라와 미국 등 대도시를 중심으로 동물원이 우후죽순으로 건립되었습니다. 당시의 동물원은 동물 공원이라고도 불렸지요. 당시 동물 공원의 풍경을 그린 그림에는 다음과 같은 장면이 담겨 있습니다. 코끼리 같은 희귀 동물들이 전시되어 있고, 그들에게 먹이를 주는 시민이 있고, 데이트를 하는 연인과 가족들이 여유롭게 공원을 거니는 장면이랍니다.

그러나 무조건 포획과 전시만 있었던 것은 아니었습니다. 런던 동물 학회

집중탐구 런던 동물원

런던 동물원은 영국 런던의 리젠트파크 북쪽에 위치해 있다. 영국에서 가장 많은 수의 동물을 보유하고 있는 동물원으로, 15만㎡의 규모다. 1828년 4월 27일, 과학적 연구를 위한 표본 수집을 목적으로 개관하였고, 1847년 일반에 공개되었다. 과학적 연구를 병행하는 동물원으로서는 세계에서 가장 오래된 동물원이다. 런던 동물 학회가 운영하고 있으며, 별도의 국가 지원 없이 각종 기부와 입장료, 후원 활동 등을 통해 운영되고 있다.

▌동물들을 이용해 돈을 버는 '동물 쇼'의 이면에는 잔인한 동물 학대가 도사리고 있다. 동물 쇼를 보는 관람객은 자신도 모르는 사이에 동물 학대에 동참하고 있는 것이나 마찬가지다.

전문가 의견

동물 쇼에 등장하는 동물들은 대부분 공연 소도구로 쓰이거나 단순하고 바보 같아 보이는 재주를 부릴 뿐이다. 자연스럽지 못한 행동을 하는 동물을 지켜보면서 아이들이 동물에 대해 배울 수 있는 것은 없다.

– 로브 레이들로 동물보호운동 활동가

가 만들어지면서부터, 런던 동물원은 스스로 동물학과 생물학 연구의 중심임을 명분으로 내세웠습니다. 동물원은 시민들의 휴식 공간이면서 동물을 연구하는 곳이라는 인식이 그때부터 만들어지기 시작한 것이었습니다.

19세기 동물 거래가 늘어나고 업체들마다 경쟁도 치열해졌습니다. 이제 업체들은 현지의 항구에 가서 동물을 구입하지만은 않았습니다. 직접 아시아나 아프리카를 찾아갔고 사냥도 직접 했습니다. 업체 간의 경쟁에서 이윤을

칼 하겐베크(Carl Hagenbeck)

독일의 동물 연구가다. 1875년 이후, 유럽 각지를 돌아다니면서 수집한 동물들에게 훈련을 시키기 시작했다. 그는 동물을 강제로 훈련시키기보다 먹이를 주거나 동물 심리를 이용하는 훈련법을 만들어 낸 것으로 유명하다. 동물 공연을 산업적으로 발전시킨 인물로 평가되고 있다.

얻기 위해 다양한 형태의 동물 산업이 발전했습니다. 전시되는 공간에 가만히 있는 동물들에 대한 대중의 불만도 한몫을 했습니다. 사람들은 움직이는 동물을 보고 싶어 했거든요. '동물 쇼'(공연)도 그런 배경에서 만들어졌습니다.

동물 공연의 모습은 다양했습니다. 코끼리가 물구나무를 서거나 좁은 의자에 올라가 앞발을 들기도 하고, 호랑이와 사자는 불타는 링을 통과하거나 장애물을 넘기도 했지요. 물개는 앞 지느러미를 마치 박수를 치듯이 두들기기도 하고, 곰은 자전거를 타고 줄을 넘는 묘기를 부리기도 했습니다. 초창기의 동물 쇼는 단시간에 동물을 훈련시키기 위해 강압적인 방법을 동원하기도 했습니다. 그러나 때리거나 벌주는 방식의 훈련은 효과가 없다는 것이 곧 드러났습니다. 동물들의 **폐사율**이 높았기 때문이었습니다. 이때 먹이를 통한 방법을 이용하도록 장려한 동물업자가 있었습니다. 그가 바로 칼 하겐베크입니다.

인종주의가 낳은 인간 전시

하겐베크는 동물 공연업과 동물 전시에 관한 산업을 발전시킨 사람인 동시에, 긍정적인 방식의 훈련 방법을 고안하기도 했습니다. 하겐베크는 동물 산업의 경쟁이 치열해지자 심지어 사람 전시를 생각해 내기도 했습니다. 불과 백 년 전에 유럽에서 사람을 전시하는 일이 있었다는 사실은 현대의 시각에서 보면 매우 불편할 뿐만 아니라 믿을 수 없는 사건입니다. 하지만 19세기 말 유럽 제국주의는 **인종주의**의 바탕에서부터 활발히 기능했다는 점을 생각해 볼 필요가 있습니다.

하겐베크는 **순록**을 끌고 다니는 라플란드인 가족을 유럽으로 데리고 왔습니다. 이들은 야생에서의 삶을 보여 준다는 명목으로 사람들 앞에 섰습니

▌1492년 스페인 왕실에 탐험의 성공을 보고하는 콜럼버스. 콜럼버스는 탐험의 증거로 삼기 위해 여섯 명의 원주민을 선보였다. 이는 이후 유럽에서 인간 전시가 유행하는 계기가 되었다.

다. 전시는 성공을 거두었고 **인류학자**들은 민족적 특징을 책을 통해서가 아니라 직접 살아 있는 사람을 관찰함으로써 가능하다는 점을 선전했습니다. 당시 인류학은 사실상 외모를 기준으로 한 인간 형태학 분류였습니다. 인류학자들은 아시아나 극지방에서 온 사람들과 유럽인들의 이마 길이, 눈과 눈 사이의 길이 등을 쟀습니다. 당시는 이것만으로도 훌륭한 지식이라고 보는 사람들이 많았지요.

근대 서구 인류학은 서구인들의 시각으로 동양인과 아프리카 사람들을 평가하고 재단하는 방식을 갖고 있었습니다. 한 인종이나 민족이 자신만의 기준으로 다른 민족의 외모와 외형을 평가하는 것을 인종주의라고 본다면 인간 전시는 **인종차별**적 요소가 강했습니다. 물론, 이 행사는 인류학, 민속학이라는 이름으로 진행되는 행사였으나 사고도 매우 많았습니다. 호기심이 생긴 사람들이 원주민들의 몸을 만지거나 찔러 보면서 논란이 되기도 했

집중탐구 **인간 전시**

19세기에 이루어진 인간 전시는 제국주의와 인종주의의 합작품이라고 할 수 있다. 유럽의 제국주의자들은 식민지에서 당시 유럽인에게 낯선 인종을 데리고 왔다. '인종 전시'라는 명분을 내걸고, 자신들이 뽐내고 싶었던 백인 우월의식을 '인종주의'를 근거로 전시한 것이다. 그들의 인종주의는 과학과 의학을 내걸어 각각의 인종 차이가 존재하며, 우월한 인종과 열등한 인종이 존재한다는 사실을 대중에게 공표하기에 이른다. 이러한 인간 전시는 전시 대상에게 매우 비인간적이며 굴욕적인 것으로 여겨지기에 충분했다.

지요. 무엇보다 전시 대상이 되는 사람들의 생각이 바뀌기 시작했습니다. 유럽에서 살기 시작한 원주민들은 유럽 언어를 배우기 시작했고, 사람들 앞에 전시되는 것을 거부하기 시작했습니다. 같은 사람인데 누가 누구를 위해 전시되느냐는 것이었습니다. 20세기에 들어서 이러한 인간 전시는 완전히 막을 내렸습니다.

인간 전시가 가지는 의미는 매우 큽니다. 인간이 동물을 가두는 것이 정당하냐는 질문은 유럽인이 동양인을 가두어도 되느냐라는 질문과 같을 수 있었지요. 당시 서양인 입장에서 보면 동양인은 훗날 서양인의 언어를 배워 의사소통이 가능한 존재였습니다. 그러나 동물은 달랐지요. 인간이 동물의 언어를 이해할 수 있기까지는 시간이 많이 걸렸습니다.

동물과 동물 복지

20세기 초반에서 중반까지 유럽은 전쟁 시기였습니다. 전쟁이 끝나자 기존 사회에 대한 비판이 쏟아졌습니다. 전쟁을 일으킨 원인이었던 **파시즘**에 대한 반성이 사회 전반에 걸쳐 두루 논의되었습니다. 동물을 이용하는 산업에 대해서도 예외는 아니었습니다.

1964년 루스 해리슨(Ruth Harrison)이 2차 대전 이후 집약화된 공장식 축산을 비판적인 시각으로 고찰하면서 '동물 복지'라는 개념이 등장했습니다. '공장식 축산'이란 짧은 시간과 최소한의 비용으로 최대한 많은 고기를 생산하기 위한 축산 방식을 뜻합니다. 인류가 축산을 시작한 이후 소, 돼지, 닭은 개량을 거듭하면서 사람들에게 많은 양의 동물성 단백질을 공급하는 동물로 자리 잡았습니다. 하지만 아무리 사람과 가까이 지내면서 인간에게 의존하여 살아가는 가축으로 적응되었다고 해도 동물 본연의 '본능'은 사라지지 않았습니다.

좁은 곳에 갇혀 평생 새끼만 낳아야 하는 암돼지는 평생을 제대로 운동조차 할 수 없는 공간에서 고통스럽게 살아갑니다. 햇빛조차 제대로 들어오지 않고 환기도 되지 않고 날개조차 펼 수 없는 좁은 곳에서 평생 알만 낳아야 하는 암탉은 알을 더 낳을 수조차 없을 정도로 몸이 망가졌을 때 강제 털갈이를 당합니다. 모든 빛을 차단당한 채 굶게 되는 거지요. 언제부터 이런 잔혹한 관행이 이어졌는지는 알 수 없습니다. 그러나 이런 잔혹한 시스템은 보다 많은 고기를 대량 생산하는 시스템에서 가능했지요. 2차 대전 이후 이런 산업 전반의 **관행**에 대한 반성이 일어나기 시작했답니다.

아무리 인간을 위해 태어난 동물이라고 해도 그들에게도 자유를 누릴 본능이 있고, 삶의 질이 훼손되었을 때 엄청난 신체적, 정신적 고통이 발생한다는 것, 이 때문에 동물의 생존권을 지켜주어야 한다는 것이 동물 복지의 기본 개념입니다. 그런데 그 후 이 동물 복지의 개념은 농장 동물뿐 아니라 기타 실험동물과 동물원 등 여러 환경에서 고통 받는 동물을 위한 기본 원칙으로 널리 쓰이기 시작했습니다. 동물 복지란, 단순히 동물의 '건강'이라는 개념을 넘어 '삶의 질'과 관련된 것으로, 대략 '기본적인 욕구가 충족되고 고통이 최소화되는 상태'를 의미합니다.

동물 복지에 대한 연구자들은 복지가 의미하는 것을 다음과 같이 이해합니다. 복지는 생물학적 기능이 높은 수준에 속해야 함을 뜻합니다. 즉 동물은 질병, 상해, 영양 부족이 없어야 합니다. 또한 복지는 장기간 아픔, 고통, 피로, 불안, 배고픔, 목마름 같은 부정적인 경험이 없어야 합니다. 또한 복지는 동물이 편안하고 만족함 같은 긍정적인 경험과 놀이, 탐험과 같이 기쁨을 줄 수 있는 활동에 있어 자유로워야 합니다. 즉 동물 복지란 동물이 종고유의 특성에 맞는 환경에서 신체적, 정신적 고통 없이 만족감을 느끼며 살수 있는 조건을 의미합니다. 그러나 동물원 같은 인위적 공간에서 동물들이 모두 만족감을 느끼며 살기 어렵다는 사실은 불을 보듯 뻔합니다. 이런 이유에서 1960년대 이후 동물원은 환경 운동 단체의 주된 공격 대상이 됩니다. 왜냐하면 동물원이 '자연에 대한 **감금**의 상징'이었기 때문이지요.

동물 복지의 다섯 가지 원칙

1세기 동안 동물원을 둘러싼 산업은 거대 산업으로 커져 왔습니다. 동물을 사고팔고 이윤을 얻는 업체들은 환경 단체의 비판에 대해 대응하기 시작했습니다. 물론 동물원이 시작된 초기에도 동물을 잡아 가두는 행위가 쉽게 받아들여진 것은 아니었습니다. 야생동물에 대한 포획 행위는 매우 잔인했고, 유럽 내에서 이런 행위를 비판하는 세력도 있었습니다. 자연 환경과는 차원이 다른 좁은 콘크리트 전시관 안에서 동물들은 우울하고 지루한 삶을 살아 나갔으며 그곳에서 동물들이 죽는 비율, 즉 폐사율도 높았습니다. 동물원은 운영하는 데 원칙과 기준이 필요했고, 법도 필요했습니다.

영국은 동물원 면허제를 통해 적어도 7일 이상 동물들을 대중에게 공개하는 기관은 모두 면허를 취득하도록 법을 만들었습니다. 동물들을 보유하면서 대중에게 전시하는 기관은 기본적으로 상업적인 목적을 가졌거나 그와 유사한 목적이 있다고 보았습니다. 따라서 일정 기준을 갖추었는지 국가의 허가가 필요하다고 여겨졌습니다. 이 법에 따라 동물원은 전문가들이 모인 포럼을 갖추어야 했고, 일정 기간 동안 제대로 된 환경을 갖추었는지 항시 점검을 받아야 할 의무가 생겼습니다.

영국은 2000년 3월에 환경식품농업부(Department for Environment, Food and

생각해 보기

영국에서는 1984년부터 동물원 면허제를 두고 있다. 동물원 설립자는 매년 현황을 보고하고, 정기적으로 실태 점검을 받아야 하며, 그 결과를 토대로 면허 갱신 여부도 결정하게 된다. 그러나 우리나라에서는 열악한 지방 동물원이 이 조건에 맞추기 어렵다는 이유로 동물원 면허제 도입이 이루어지지 않고 있는 실정이다. 동물원 면허제가 우리나라에 도입되면 어떤 점이 달라질 수 있을까?

Rural Affair; DEFRA)에서 현대 동물원 운영 지침(The Secretary of Standards for Modern Zoo Practice; SSMZP)을 발표했습니다. 여기에서 동물원 동물 복지의 다섯 가지 기본 원칙이 제시되었습니다. 그 원칙은 다음과 같습니다.

① 물과 음식의 제공

모든 동물은 종별 특징에 맞게 영양적으로 균형 있고 필요한 음식이 공급될 수 있어야 합니다. 동물원은 기관에 따라 다르지만 각종의 원래 생태 서식지에서 먹던 음식을 그대로 제공하는 것이 원칙이기 때문에 전문적인 식견을 가진 영양사를 고용하는 것이 원칙입니다.

코알라의 경우 코알라가 사는 호주에서만 생산되는 **유칼립투스**를 먹이는 것이 원칙입니다. 만약 유칼립투스의 공급이 원활하지 못한 환경이라면 **코알라**를 전시하는 것은 포기해야 맞겠지요. 종별 특성에 맞는 음식을 준비하는 것뿐 아니라 먹이에 대한 동물 개체별 접근이 쉬워야 합니다. 만약 무리 전체에게 먹이를 공급하면 무리에서 **서열** 등이 떨어져 충분히 먹이를 받아먹지 못하는 동물들이 나타나서는 안 됩니다. 즉 종별 개체별로 자연스러운 섭식 행동을 유도하여, 동물들이 충분한 건강과 활력을 유지하도록 해야 한다는 것을 의미합니다. 특히, 음식을 제대로 공급하는 것이 매우 중요합니다. 사람의 경우에도 환경을 비롯한 적절한 영양분의 공급이 건강에 지대한 영향을 미치는 것과 같은 이치라고 할 수 있겠지요.

② 적당한 환경의 제공

이는 각 동물에게 고유하게 신체적, 정신적으로 요구되는 기본적 환경을 제공하는 것을 의미합니다. 동물들은 모두 자연적으로 타고난 생태적 특성이 있습니다. 동물원에 살고 있는 동물들 대부분 기후 등 여러 조건이 자연환경과 달라 건강상의 문제가 발생할 수 있습니다. 또한 인위적인 환경, 즉 인조적 재질로 만들어진 전시 공간 때문에 몸이 편안하지 않을 수도 있지요. 이것뿐만이 아닙니다. 많은 관람객들로부터 받는 영향으로부터 자유로울 수가 없습니다.

동물원에 가면 동물을 깨우기 위해 소리를 지르는 사람, 물건을 던지는 사람 등 다양한 방법으로 동물을 괴롭히는 사람들이 있습니다. 이들을 피할 수 있도록 은신처를 제공하는 것은 동물들의 정신적 스트레스를 줄이는 데 매우 중요한 일입니다. 또한 **굴토성**이 있는 동물에게 땅을 팔 수 있는 기회를 제공해 주는 것, 오르기를 좋아하는 동물에게 적절한 환경을 갖추도록 해주는 것 등이 포함될 수 있습니다.

③ 건강 관리의 제공

동물의 건강 관리는 예방과 치료 분야에서 필요합니다. 이는 동물의 질병을 예방하고 적절한 치료를 가능하게 하는 수의학적 처치를 제공하는 것을 포함하여, 질병 예방을 위한 시스템을 갖추는 것 역시 필요합니다. 전시관은 동물의 상해 위험을 예방하고 최소화하기 위한 시설로 설계되어야 하며 질병이나 부상이 발생하면 바로 치료할 수 있도록 해야 합니다.

④ 가장 정상적인 행동을 표현할 수 있는 기회 제공

동물원 동물들 중 상당수는 '정형 행동'(Stereotyped behavior)이라는 것을 합니다. 이는 목적의식 없는 행동을 반복적으로 하는 것을 말합니다. 과학자들은 이를 아동 자폐증 환자의 행동과 유사하다고 말합니다. 정형 행동이 일어나는 가장 큰 원인은 동물원의 환경이 자연과 달라 무료함과 스트레스를 느끼기 때문입니다. 이를 없애 주고 사전에 예방하기 위한 활동을 '풍부화'라고 합니다. 풍부화는 환경을 보다 다채롭게 만들어 주고 다양한 행동을 할 수 있도록 전시물을 만들어 주는 일을 말합니다. 이는 동물이 여러 다양한 생물학적 행동을 다양하게 표현할 수 있는 기회를 제공하는 것입니다.

⑤ 공포와 고통으로부터의 보호

동물 역시 '정신적인 존재'라는 것을 인정할 필요가 있습니다. 동물도 인간처럼 환경 변화에 따라 공포와 스트레스를 느낍니다. 동물에 대한 전반적이고 세분화된 전문 지식과 훈련을 거친 직원이 동물을 적절하게 다루어야 합니다. 또한 동물원 내 동물 구성원 간에 빚어지는 문제와 관람객과의 접촉에서 발생하는 문제 등을 최소화하도록 하는 일이 여기에 포함됩니다.

동물원의 관리 및 운영 원칙, 운영자의 자격 기준 등을 법률을 통해 정비하고 있다는 것은 동물원 동물에게도 복지가 필요한 시대가 되었음을 뜻합니다. 앞서 밝힌 동물원 동물 복지의 다섯 가지 원칙은 전 세계 동물원에서 공통적으로 적용되는 일반적 기준입니다.

동물원수족관협회는 동물원과 수족관이 모여 만든 일종의 연대 단체로 현재 전 세계적으로 지역별, 국가별로 형성되어 있습니다. 세계동물원수족관협회가 있고 유럽에는 유럽동물원수족관협회가 있지요. 우리나라에는 한국동물원수족관협회가 있고, 일본에는 일본동물원수족관협회가 있습니다. 환

사례탐구 동물 학대의 종류

동물 학대(동물보호법 제8조)란, 동물을 대상으로 정당한 사유 없이 불필요하거나 하지 않아도 되는 신체적 고통과 스트레스를 주는 행위 또는 굶주림, 질병 등에 대해 적절한 조치를 게을리하거나 방치하는 행위를 말한다.

1. 목을 매다는 등 잔인하게 죽이는 행위.
2. 노상 등 공개된 장소에서 죽이거나 같은 종류의 다른 동물이 보는 앞에서 죽이는 행위.
3. 고의로 사료 또는 물을 주지 않는 행위로 동물을 죽음에 이르게 하는 행위.
4. 동물로 인한 피해, 다른 법령에 정당한 사유 없이 죽이는 행위.
5. 도구, 약물을 사용해 상해를 입히는 행위.
6. 살아 있는 상태에서 동물의 신체를 손상, 체액을 채취, 체액을 채취하기 위한 장치를 설치하는 행위.
7. 도박, 광고, 오락, 유흥 등의 목적으로 동물에게 상해를 입히는 행위.
8. 그 밖에 정당한 사유 없이 상해를 입히는 경우.
9. 유실, 유기 동물을 포획하여 판매하거나 죽이는 행위 혹은 알선, 구매하는 행위.
10. 동물을 유기하는 행위.
11. 동물 학대 행위를 촬영한 영상을 판매, 전시, 전달, 상영하거나 인터넷에 게재하는 행위.

경 단체와 시민 사회로부터 동물원이 비판을 받기 시작하자 동물원수족관협회 역시 여기에 대응하게 되었습니다.

동물원수족관협회가 내세운 주장은 다음과 같습니다.

"우리는 동물을 일방적으로 가두고 학대하기만 하는 것이 아닙니다. 가두는 데에도 이유가 있습니다."

그 이유는 보존과 교육이었습니다.

진정한 의미의 '종 보전'이란?

흔히 동물원을 '노아의 방주'라고 부르기도 합니다. **노아의 방주**는 성경에 나오는 이야기로, 세상을 멸망시키기 전 하나님께서 노아에게 이 땅의 동물들을 한 쌍씩 골라서 방주에 태우라고 명하지요. 대홍수가 지나간 이후, 그 암수로 살아남은 동물들이 새로운 땅에서 번식하여 번창하게 됩니다. 동물원이 노아의 방주로 불리는 이유는 전 세계 생태계가 사실상 파괴되고 있으며 이중 멸종위기종이 생겨나게 되어, 이들을 보호할 기관이 필요해졌기 때문입니다. 그래서 동물원은 멸종위기종을 보호하는 기관으로서의 역할이 주어졌습니다.

하지만 문제는 생태계 내에 살고 있는 동물들이 모두 균형 있게 같은 비율로 사라지는 것이 아니라는 점입니다. 가장 먼저 멸종하는 동물은 숫자가 적고 가장 넓은 서식지를 배경으로 살아가는 동물인 경우가 많습니다. 예를 들어, 대부분 최상위 먹이 사슬을 기반으로 살아가는 호랑이, 표범, 코끼리 등입니다. 그런데 이런 동물일수록 오래전부터 사람들에게 인기가 좋았습니다. 산업적으로도 이용 가치가 높은 동물들이었기 때문입니다. 고래는 **항온동물**이지만 바다에서 살기 때문에 높은 지방층을 이루고 있는 것이 특징이었습니다. 양질의 고래 기름을 얻고자 하는 국가는 고래잡이를 하는 포경산업을 부추겼습니다.

호랑이는 가죽을 얻기 위한 사냥꾼들의 표적이 되었고, 코끼리는 상아를 이용한 제품을 생산하는 상아 산업의 희생양이었습니다. 그야말로 이들은 돈이 되는 동물이었습니다. 상업적 이윤을 가져다주는 동물이 멸종 위기에 도달하는 데까지는 그리 많은 시간이 걸리지 않았습니다. 호랑이가 사라지자, 그 아래 먹이 사슬에 있는 동물의 숫자가 늘어났습니다. 멧돼지와 고라니의 숫자가 늘어나자, 이들은 민가나 도로로 나왔고, 로드킬의 희생자가 되기도 했습니다. 무엇보다 멧돼지들은 농사를 지은 농토를 망가뜨리곤 했습니다.

대표적인 사례가 옐로스톤 국립공원의 늑대입니다. 미국에서는 늑대가 가

▌ '포경 산업'은 초기에는 고기, 기름뿐 아니라 코르셋 등을 만드는 고래수염을 제공하는 수염고래의 포획이 활발했다. 하지만 '향유고래'의 존재를 확인하면서부터는 향유, 즉 '향기 나는 기름'을 얻기 위해 수백 년간 포경 산업이 진행된다. 향유고래의 머리에서 기름을 얻어 비싼 향료로 팔 수 있기 때문이었다.

집중탐구 **로드킬**

로드킬이란 야생동물이 도로에 나가 교통사고를 당해 죽는 일을 말한다. 노루, 고라니, 곰 등 야생동물들이 먹이를 구하거나 이동을 위해 도로에 갑자기 뛰어들어 차량에 치여 죽는 것이다. 한국도로공사에 따르면, 전국 고속도로에서 발생하는 로드킬은 매년 빠른 속도로 급증하고 있는 추세이며, 로드킬로 인해 발생하는 인명 피해도 점점 늘어나고 있다고 전한다.

축을 잡아먹는 골칫덩어리라는 여론이 높았습니다. 그래서 늑대 사냥을 쉽게 하는 법이 통과되었고, 곧 늑대는 순식간에 국립공원에서 사라졌습니다. 그러자 놀라운 결과가 초래되었습니다. 늑대가 사냥하던 초식 동물의 숫자가 점점 늘어났고, 그 동물들은 공원 내의 나무와 풀 등을 모조리 먹어 치웠습니다. 얼마 지나지 않아, 산천은 순식간에 초토화되었습니다. 이 문제를 해결하기 위해 미 의회는 늑대를 보호 종으로 지정하였고, 무분별한 사냥을 금지했으며, 러시아에서 늑대를 수입해 번식한 후 공원에 풀어놓았습니다. 그러자 놀라운 일이 발생했지요. 엘로스톤 공원은 본래대로 아름다운 환경을 되찾을 수 있었답니다.

동물원의 종 보전 기능이란 바로 이런 것입니다. 멸종위기종은 이후 생태계 복원에 주요한 열쇠입니다. 자연 속에서 너무 적은 개체 수만 남아 있는 경우, 밀렵이나 생태계 파괴 등 다양한 이유로 완전히 그 종이 없어질 수 있습니다. 우리의 과학 기술이 엄청나게 발전하여 쥐라기 공원처럼 유전자를

집중탐구 **옐로스톤 국립공원**

옐로스톤 국립공원은 미국 최초의 국립공원이다. 와이오밍, 몬타나, 아이다
호주에 걸쳐 있는 이 공원에는 사람들을 전혀 의식하지 않고 자연스레 돌
아다니는 수많은 야생동물들을 만날 수 있다. 옐로스톤에는 곰, 회색늑대,
여우 등 북미에서 가장 많은 종류의 포유동물이 서식하는 것으로 알려져
있다. 수많은 야생동물이 자연 그대로의 모습으로 남아 있어 야생동물을
위한 낙원으로 알려져 있다.

▌ 옐로스톤은 야생동물의 낙원
으로 알려져 있다.

냉동 보관하고 있다가 필요할 때 복원해 낸다면 좋겠지만, 아직 그런 기술
은 필요한 만큼의 동물을 복원해 낼 정도로 발전하지 않았고, 아직 냉동 기
술도 불완전하다는 주장이 많습니다.

돈이 아니라 생명으로 보아야

동물원은 살아 있는 동물의 유전자를 보유하고 있어야 하며, 현대 생물학의 원칙에 맞게 보존하기 위한 연구 기관으로서의 역할도 해야 합니다. 동물원수족관협회가 환경 단체의 공격에 대응하기 위해 발전시킨 것이 바로 이런 주장이지요.

"우리는 동물을 일방적으로 학대하는 것이 아니라 종 보전을 위해 동물을 보유하고 있는 것입니다."

교육 기능 역시 종 보전 기능과 연결되어 있습니다. 현대 동물원은 일부 특권층이 특이한 동물을 보유하는 것으로 자신이 높은 계급에 있다는 것을 과시하기 위해 만들어진 공간이 아닙니다. 많은 시민들이 동물을 볼 수 있는 곳이지요. 따라서 동물원은 시민들에게 멸종위기종의 보유가 가지는 의미를 알려주는 기능을 해야 합니다. 이렇게만 본다면 동물원은 종 보전과 교육 기능을 잘 수행하고 있는 것 같습니다.

하지만 여전히 동물원을 둘러싼 논쟁은 많습니다. 아직도 열악한 환경과 좁은 전시관에서 방치되거나 학대 받는 동물들이 있으니까요. 동물원 내 동물 복지가 제대로 이루어지지 못하고 있는 것입니다. 그렇다면 동물원의 동물 복지가 온전히 이루어지기 위해 어떤 방법이 필요한지 살펴봅시다.

- 동물원은 19세기 제국주의의 산물로서 야생동물을 데려다가 인간의 유희 도구로 활용하면서부터 시작되었다.
- 동물원은 과학적 연구 혹은 종의 보전이라는 기능을 수행하기도 한다. 하지만 대부분 동물 전시나 동물 쇼에 동물이 이용됨으로써 그 기능에 의문이 제기된 지 오래다.
- 서구 인류학자는 '인간 전시'라고 하는 매우 잔혹하고 비인간적인 형태의 전시로써 그들의 인종차별주의를 증명하기도 했다.
- 2차 대전 이후 동물 복지에 대한 인식과 더불어 '공장식 축산'에 대한 비판적 인식이 싹트기 시작했다.
- 1960년 이후, 동물원은 환경 운동 단체의 주된 공격 대상이 되었으며, 동물 보호 단체는 동물 복지의 다섯 가지 원칙을 제기해 왔다.
- 동물원을 '노아의 방주'라고 하여 종 보전의 역할을 하고 있다고 주장하지만 진정한 의미의 종 보전을 위한 활동을 하고 있는지에 대해서 의문이 제기되고 있는 실정이다.
- 우리는 동물원이 진정한 의미에서의 종 보전 기능을 다할 수 있도록 온 관심을 기울여야 한다.

4

CHAPTER

동물원에 가둘 수 없는 동물들

동물 쇼에 동원되는 동물 대부분은 인지 능력과 지능, 자아의식이 매우 높은 동물들입니다. 게다가 무리 생활을 하는 탓에 사회성도 매우 견고하게 다져져 있지요. 이런 동물들이 과연 동물 쇼를 하며 행복함을 느낄 수 있을까요?

사육사의

지시에 따라, 일제히 코를 흔드는 코끼리, 호루라기 소리에 맞춰 하늘 높이 뛰어오르는 돌고래. 여러분은 동물이 주인공으로 나오는 동물 쇼에 대해 어떻게 생각하나요? 여러분의 박수 소리가 크면 클수록 쇼에 나오는 동물들은 더욱 멋진 쇼를 보여 줍니다. 마치 관객의 환성에 호응하며 쇼를 보여 주는 무대 위의 연예인처럼요. 하지만 무대에 선 동물들은 과연 자신을 행복하다 여길까요? 쇼에 몰두하고 박수 소리에 호응하는 듯한 모습은 어쩌면 강제로 만들어진 모습은 아니었을까요?

동물 쇼에 동원되는 동물 대부분은 인지 능력과 지능, 자아의식이 매우 높은 동물들입니다. 게다가 무리 생활을 하는 탓에 사회성도 매우 견고하게 다져져 있지요. 이런 동물들은 자칫 잘못하면 소외 의식이나 우울한 감정을 느끼기 일쑤입니다. 이러한 감정은 자연에 사는 동물들은 결코 느낄 리 없는 것들이지요. 쇼의 문제만이 아니더라도 동물원에 사는 동물들은 자연에서는 받을 리 없는 많은 스트레스를 받습니다. 여기서는 그중 대표적인 몇몇 동물들에 관해 이야기해 보기로 해요.

소유할 수 없는 코끼리

동물원에는 전 세계 각국에서 온 다양한 동물들이 있습니다. 그중 일반 시민들에게 가장 인기 있는 종들 중에 코끼리가 있습니다. 최근 과학자들의 연구 결과, **자의식**이 있는 동물로 코끼리, 돌고래 그리고 침팬지 같은 **영장류**가 있다는 것이 밝혀지고 있습니다. 자아의식이 있다는 것은 자신의 행동을 통해 자신과 다른 존재의 차이를 명확하게 구분할 수 있다는 것을 의미합니다. 자아의식이 있는 동물은 본능에 따른 돌발적 행동을 하지 않고 생각하고 계산하여 행동하며 감정도 풍부하지요.

간혹 코끼리들 중에는 자신이 사랑하던 코끼리가 죽었을 때 비통한 슬픔을 표현하거나 친척들이 죽어 뼈만 남은 곳에 반복적으로 찾아가거나 하는 경우가 있습니다. 공연 도중 관람객석으로 뛰어들어가 난동을 부리는 코

전문가 의견

아프리카에서 태어난 코끼리 점보는 사냥꾼들이 어미를 무참히 살해하는 모습을 눈앞에서 보았다. 독일 동물 공연단에 팔려 공연을 하던 점보는 파리의 동물원에 팔려 비좁은 콘크리트 우리에 살다가 다시 런던 동물원에 팔렸다. 아이들을 등에 태우는 일을 하다가 나이가 들어 미국의 서커스단에 팔렸고, 서커스 공연을 마친 후 우리로 돌아가다가 기차에 치여 죽었다. 서커스단의 주인은 점보가 동료 코끼리를 구하려다가 대신 죽었다고 미화시켜 영웅으로 만들었고 박제로 만들어 공연에 이용했다. 코끼리 점보는 죽어서도 인간의 돈벌이를 위해서 착취당한 셈이다.

－〈동물 쇼의 웃음, 쇼 동물의 눈물〉 중에서, 로브 레이들로 동물보호운동 활동가

끼리의 사연도 밝혀져 있습니다. 이보다 더 충격적인 것은 우발적으로 발생한 행동이 아니라 자신을 학대한 조련사를 기억하고 복수했다는 주장이 제기되기도 하기 때문이지요. 따라서 최근 동물원에 가둘 수 없는 동물로 코끼리, 돌고래, 영장류 등이 제기되고 있습니다. 이들은 생태적 특성이 좁고 인위적인 공간에서 살아가기 매우 어려운 조건에 있습니다. 이들은 사회적이며, 무리 생활을 하고, 넓은 환경에서 자유롭게 살던 동물들입니다. 그렇기 때문에 넓고 풍부한 환경을 조성하지 않았을 때 정신적으로나 신체적으로나 문제가 발생할 수 있습니다.

코끼리는 야생에서 하루 중 대부분의 시간을 걸어 다니며 보냅니다. 먹이 활동을 하는 데 최대 800㎡까지의 면적을 돌아다니곤 합니다. 최근, 코끼리는 야생 개체 수가 급감함으로써 **CITES**(멸종위기에 처한 야생 동식물의 국제 거래에 관한 협약)에 의해 적절한 기관에서 보존, 교육하고, 과학적 목적으로만 수입, 수출이 가능하도록 되어 있습니다. 자연 상태에서 코끼리의 개체 수가 줄어들자 동물원에서는 코끼리의 종 보전을 하겠다고 발벗고 나섰습니다. 그런데 종 보전이 제대로 이루어지려면 동물원 내에서 코끼리들이 건강하게 살아갈 수 있어야 합니다.

전 세계 동물원 내에 살고 있는 코끼리들 대부분이 아이를 낳아도 육아를 거부하거나 심장병 등 순환 질환에 걸리거나 운동 부족과 스트레스에 따른 질병 등에 시달리고 있습니다. 코끼리들이 육아를 거부하는 것은 대부분 어린 시절 엄마로부터 일찍 떨어진 것이 원인이 됩니다. 코끼리들은 대부분 모계 중심의 무리 생활을 하고 있지요. 어린 시절 엄마와 일찍 떨어져 지내면 코끼리로서 살아가는 방법을 제대로 학습하지 못하게 되고 이에 따라 번식

율도 낮아지게 됩니다. 또한 코끼리들이 운동 부족과 체중 증가, 발 관련 질병 등에 시달리는 것은 동물원이 가진 전시관 시설 자체가 코끼리들의 생태에 맞지 않기 때문이기도 하답니다.

코끼리들은 모두 열대 지방에 맞게 진화되어 왔습니다. 따라서 온대와 냉대 지방의 동물원으로 오면 추운 겨울 내내 실내 전시관에만 갇혀 지내게 됩니다. 실내 전시관은 실외보다 훨씬 좁고 무엇보다 흙을 깔아 주기가 어렵습니다. 청소와 각종 관리에 어려움이 생기기 마련이지요. 코끼리는 무게가 많이 나가기 때문에 충분히 운동을 하지 못했을 때 발이 몸무게를 감당하지 못해 발에 여러 질병이 생기곤 합니다. **관절염**도 흔하게 발병하는 질병 가운데 하나이지요. 콘크리트로 된 바닥 역시 코끼리의 발 건강을 해치는 중요한 이유가 됩니다. 그런데 코끼리를 가두는 것이 옳지 않다고 판단하여 동물원 스스로 소유를 포기하고 보다 나은 곳으로 코끼리를 보낸 사례가 있습니다.

집중탐구 **코끼리의 생태**

코끼리는 산림이나 사바나에 서식한다. 보통, 성숙한 암컷이 이끄는 모계 사회를 중심으로 무리를 지어 생활한다. 한 가족이 다른 가족들과 결합하여 30~40마리의 집단을 이룬다. 풀을 먹는 초식 동물이며, 잠은 선 채로 자거나 옆으로 누워서 잔다. 무리들이 잠을 잘 때에는 감시하는 코끼리가 있을 정도라고 한다. 물로 목욕하는 것을 좋아하고, 목욕 후에는 쇠파리진드기로부터 등을 보호하기 위하여 진흙을 끼얹는다. 시각과 청각은 약하지만 후각은 매우 뛰어난 것으로 알려져 있다.

디트로이트 동물원은 코끼리의 사육을 포기했습니다. 그것은 당시 아시아코끼리였던 완다와 윙키가 매일 관절염 약을 먹어야 했고, 항생제와 진통제로 연명하며 살게 되었기 때문입니다. 당시 디트로이트 동물원 원장 론 케이건은 완다와 윙키를 떠나보내며 다음과 같은 말을 남겼습니다.

"진정 코끼리를 위하는 일은 그들을 소유하지 않는 것이다."

그는 완다와 윙키를 4만 평이 넘는 공간을 가진 야생동물 보호 구역으로 보냈습니다.

코끼리 사육을 위해 필요한 최소한의 조건들

많은 동물원 사육사들은 코끼리를 사랑합니다. 그리고 시민들도 코끼리를 사랑하지요. 하지만 미국동물원수족관협회의 코끼리 관리와 보호에 관한 규정을 보면 코끼리를 돌보는 일이 얼마나 어려운 일인지를 알게 됩니다.

첫째, 코끼리는 외부에서 자연광을 쐬며 흙을 밟고 모래 목욕을 가능하게 하는 공간에 24시간 머무를 수 있도록 해야 합니다. 또 실내에 오래 머물러야 하는 기후 조건이라면 실내 전시관 역시 코끼리의 생태에 맞도록 만들어 주어야 합니다. 27도 이상의 직접적인 태양광에 노출될 때에는 **그늘막**을 반드시 만들어 주어야 합니다.

둘째, 발 건강을 제대로 지킬 수 있는 조건을 마련해 주어야 합니다. 우리 안의 배설물은 매일 청소해 주어야 합니다. 실내 바닥에 고여 있는 물은 박테리아 번식의 주 원인이 될 수 있으므로, 빨리 마를 수 있도록 해야 합니다. 또 경사가 있는 공간도 만들어 주어야 합니다.

셋째, 코끼리들에게 더욱 중요한 것은 사회적 무리를 유지하도록 노력해야 한다는 점입니다. 대부분의 동물원 코끼리들은 애초에 아프리카, 아시아에서 가족과 헤어져 동물원으로 팔려온 경우가 많습니다. 코끼리는 사회적인 동물이고 모계를 중심으로 한 무리 생활을 합니다. 그렇기 때문에 특히 암컷이 어릴 때부터 가족과 떨어져 살기 시작하면 우울증과 스트레스, 번식 능력 감퇴 등 **사회성**에 큰 문제가 생깁니다.

수컷의 경우 대략 여섯 살 이후가 되면 단독 생활이 어느 정도 가능하지만 그렇다고 해서 상호 관계가 전혀 없어도 된다는 의미는 아닙니다. 그러나 대부분의 동물원은 한 마리나 두 마리, 그리고 여러 마리라고 해도 서식지가

▎ 서커스나 트레킹에 동원되는 대부분의 코끼리들은 무기력, 우울, 체념 속에서 생활하는 것으로 알려져 있다.

다른 곳에서 각각 별도로 동물원으로 들어오는 경우가 흔합니다. 코끼리 간의 상호 소통이 가능하지 않은 경우도 많아, 서로 공격하는 사례가 생기기도 합니다. 따라서 코끼리들이 정신적으로나 신체적으로 건강하게 살 수 있도록 마련된 환경이 아니라면 코끼리는 동물원에 전시하지 말고 야생동물 보호 구역이나 보호소(생츄어리)로 보내는 것이 좋습니다.

코끼리를 복종시키는 의식과 도구

아시아코끼리는 오래전부터 **벌목**에 이용되어 왔습니다. 그러나 태국 정부가 벌목을 금지한 이후, 코끼리 소유주들은 코끼리를 데리고 거리로 나왔고, 관광객들을 상대로 구걸을 하거나 서커스나 트레킹(도보 여행)에 이용되기도 했습니다. 서식지의 파괴로 부모를 잃고 어릴 때 고아가 되거나 여러 경로로

집중탐구 **파잔과 엔커스**

'파잔'이란 한마디로 코끼리를 잔인하게 길들이는 의식을 말한다. 야생성에 따라 3일에서 7일까지 치르게 된다. 이 의식을 치르는 동안 절반의 코끼리가 죽고, 나머지는 살아남더라도 스스로의 존재가 무엇인지조차 인식하지 못할 정도가 된다고 한다. 게다가 어미를 못 알아볼 정도라니 그 고통의 크기를 가늠하기 힘들다. 이때, 사용되는 조련사의 도구가 '엔커스'라는 것인데, 끝에 날카로운 쇠꼬챙이가 있어서 코끼리의 몸에 극심한 상처를 입힌다고 한다. 코끼리는 이때 받은 정신적, 육체적 고통으로 인해 사람의 말을 잘 들을 수밖에 없게 된다고 한다.

▌ 길들여진 코끼리들은 쇼에 동원되
거나 트레킹에 참여한다.

숲을 벗어난 코끼리들은 세계 여러 나라로 팔려나가기도 했습니다.

오래전부터 코끼리를 길들이기 위해 동남아시아의 주민들이 사용하던 '파잔'이라는 방식이 있습니다. 즉 어린 코끼리를 좁은 틀 안에 가둔 후, 눈과 항문 등 민감한 부위를 찌르는 일종의 고문 방식이었지요. 파잔 의식 후에 많은 코끼리들이 죽었지만, 일부는 인간에게 복종하는 심리를 익힌 후 살아남아 각종 노역에 동원되었습니다. 이들이 코끼리를 조련할 때 사용하던 도구로 '엔커스'라는 것이 있습니다. 이것은 끝이 뾰족한 갈고리처럼 생긴 도구로, 이 도구의 목적은 코끼리를 복종시키는 것입니다. 코끼리 트레킹, 코끼리 쇼에는 아직도 이런 도구가 사용됩니다.

코끼리들이 쇼에 동원되거나 트레킹에 참여하는 것은 그들이 고통스럽게 훈련 받는 삶을 살아가게 된다는 것을 뜻합니다. 서식지 파괴와 밀렵, 사냥 등으로 고아가 된 코끼리를 돌본 경험이 있는 사람들은 코끼리들이 대부분 수면 장애, 공격성, 우울, 사회 및 환경에 대한 무관심, 무기력, 체념 등을 경험한다고 전하고 있습니다.

서식지 파괴에 따른 개체 수 급감, 가족과의 강제적 분리, 고향을 떠나 낯선 환경으로의 이전, 열악하고 좁은 전시 환경, 혼자 지내야 하는 외로움, 가혹한 훈련 등이 전 세계 대부분의 동물원 코끼리들이 겪는 운명일 것입니다. 제대로 돌볼 수 없다면 그들을 가두지 말아야 합니다. 우리들은 코끼리의 서식지 파괴를 막고, 생태계 보전을 위한 보다 적극적인 노력을 기울여야 할 것입니다.

돌고래의 슬픈 여정

돌고래 쇼의 화려한 묘기를 보면 돌고래를 사랑하지 않을 수 없습니다. 돌고래의 묘기는 지구 상의 어떤 동물 쇼보다 수준이 매우 높습니다. 그것은 한편으로 돌고래의 지능이 높다는 것을 의미하지요. 그만큼 사람들의 지시를 잘 따를 수 있다는 뜻이니까요. 그래서 대부분의 사람들이 돌고래에 대해 가지고 있는 이미지는 매우 좋습니다. 돌고래는 사람들의 사랑을 받고 있는 동물 중 하나입니다. 그러나 사실상 돌고래들이 어떤 삶을 살고 있는지에 대해서는 그리 널리 알려져 있지 않습니다.

다큐멘터리 영화, 〈더 코브〉

다큐멘터리 영화로 〈더 코브〉가 있습니다. 〈더 코브〉가 대중에게 공개되기 전까지 사람들은 돌고래 쇼에서 묘기를 보이는 돌고래들이 어디에서 왔는지 잘 몰랐습니다. 〈더 코브〉의 주된 공간은 일본의 작은 농촌 지역인 '다이지'입니다. 해마다 9월이 되면, 이곳의 어부들은 돌고래들이 **초음파**를 통해 먹이를 찾는 습성을 이용해 바닷속 음파를 교란시킵니다.

어부들은 원래 가던 길을 잃고 헤매는 돌고래들을 보트를 이용하여 해안 가로 모는 몰이식 사냥 방식을 통해 돌고래들을 해안가에 고립시킵니다. 그 뒤에 이어지는 학살. 돌고래들은 가족끼리의 유대 관계가 끈끈해서 새끼가 잡혀가는 것을 본 주변의 어른 돌고래들은 새끼들이 잡혀간 지점에서 쉽게 도망치지를 못합니다. 그런 탓에, 나머지 돌고래들도 작살과 칼로 난도질당 해 죽게 됩니다. 그렇게 돌고래 사냥이 끝나면 작은 해안가는 순식간에 피바 다로 변합니다.

어부들이 새끼 돌고래들을 잡아 파는 곳은 전 세계의 수족관입니다. 그 들은 일정 기간 동안의 순치를 거쳐 팔리게 되지요. 잡혀온 새끼 돌고래들은

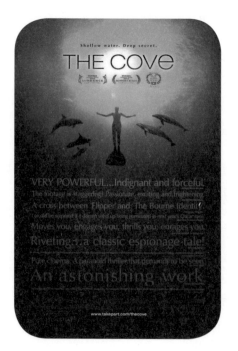

▌〈더 코브〉는 일본 다이지 지방에서 벌어지는 잔인한 돌고래 사냥을 고발한 자연 다큐멘 터리 영화다.

돌고래의 생태

돌고래는 큰 무리를 이루어 움직이는 동물이다. 무리의 크기는 수십 마리에서 만 마리가 넘는 경우도 있다. 주로 오징어와 물고기를 즐겨 먹는다. 한 배에 한 마리의 새끼를 낳으며, 어린 새끼들은 6~18개월 동안 어미의 젖으로 양육된다. 뇌는 주름이 잘 발달되어 있으며, 수중 음향의 발신과 수신이 발달되어 있다. 수중 음향을 이용하여 서로 의사소통을 하는 것으로 알려져 있다.

처음에는 아무것도 먹지 못합니다. 늘 살아 있는 물고기를 먹었는데 냉동된 죽은 고기를 먹어야 하기 때문이지요. 수족관 주인이 냉동 고기를 지급하는 이유는 활어를 주었을 때의 비용을 감당하기 어렵기 때문입니다. 새끼 돌고래들은 냉동 고기를 먹지 못합니다. 한 번도 먹어 본 적이 없기 때문이지요. 그러나 지속적으로 굶고 나면 돌고래들은 곧 죽을 수 있다는 사실을 알게 됩니다.

얼마 지나지 않아, 새끼 돌고래들은 생존을 위해 자신들의 가혹한 운명을 받아들이게 됩니다. 무엇보다 하루에 천 킬로미터를 헤엄치며 초음파로 물고기를 사냥하던 돌고래들은 초음파가 퍼져 나가기에 턱 없이 비좁은 수족관 벽에 초음파가 그대로 부딪혀 다시 튕겨져 나가 버리는 탓에 줄곧 **이명**에 시달리게 됩니다.

약을 먹어야 살 수 있는 돌고래

이미 야생에서 잡혀 올 때 부모의 죽음을 눈앞에서 본 충격도 어마어마합니다. 어떤 돌고래들은 우울증에 시달리다가 폐사하곤 합니다. 하지만 일부는 생존을 위해 스스로의 몸을 변화시킵니다. 죽지 않았으나 죽음보다 못한 삶을 지탱하는 것이나 마찬가지이지요. 쇼 조련사들은 자신들이 먹이를 통한 긍정적인 훈련을 하고 있다고 주장하곤 합니다. 하지만 공연을 하기 위해 준비하는 훈련을 돌고래들이 거부하거나 말을 듣지 않으면 그 벌로 먹이를 주지 않고 굶기곤 합니다.

때로는 한 마리가 실수를 하면 모든 돌고래들을 굶기기도 합니다. 동료의 실수로 자신도 굶게 되었다는 것을 알게 된 돌고래들은 상대방 돌고래를 공

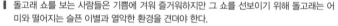

┃ 돌고래 쇼를 보는 사람들은 기쁨에 겨워 즐거워하지만 그 쇼를 선보이기 위해 돌고래는 어미와 떨어지는 슬픈 이별과 열악한 환경을 견뎌야 한다.

생각해 보기

만일 우리가 돌고래 쇼를 하는 돌고래처럼 부모님과 떨어져 살아야 한다면 어떠할까? 어린 나이에 부모를 잃고 타지에 나가서 묘기를 부리면서 살아야만 하는 새끼 돌고래의 심정이 어떠할지 헤아려 보는 시간을 갖도록 하자.

격하거나 괴롭히기도 하지요. 이처럼 수족관 돌고래들은 좌절과 우울함, 극도의 스트레스 등을 받게 됩니다. 이것은 돌고래의 면역력 약화를 가져오고, 급기야 평생을 질병에 시달리게 합니다. 수족관 돌고래들 가운데 많은 수가 항생제와 소화제 등 각종 약을 일상적으로 먹으며 살아갑니다.

수족관 측은 야생에서의 포획이 잔인하기 때문에 최근 번식 기술을 발전시키겠다고 말하고 있습니다. 그러나 수족관의 주장과 달리 돌고래 같은 영리한 동물은 번식률이 매우 낮습니다. 실제로 한국에 있는 수족관에 살고 있는 돌고래들 대부분은 야생에서 잡혀 왔습니다. 돌고래는 근본적으로 수족관에 가두기 어려운 동물입니다. 우리가 돌고래를 가둔 수족관에 간다면 수족관은 이를 통해 돈을 벌 것이고, 지속적인 돌고래 학대로 계속 이어지게 된다는 사실을 알아야 합니다.

돌고래 쇼는 분명 재미있습니다. 그러나 돌고래 쇼를 포기하지 않는다면 돌고래들은 끊임없이 야생에서 이와 같은 잔인한 방식으로 잡혀 올 것입니다. 사람들은 아이들이 돌고래를 보고 싶어 하는 욕구도 인정해야 한다고 말합니다. 만약 돌고래 쇼가 없어진다면 아이들이 돌고래를 보고 싶어 하는 욕구가 좌절되겠지요. 하지만 아이들은 돌고래 쇼를 보지 않아도 살 수 있지만, 돌고래는 아이들의 욕구를 충족시켜 주기 위해 무수한 학대를 견뎌 내야 합니다. 이처럼 새끼 돌고래에게 고된 여정을 안겨 주는 것은 너무나도 잔혹한 일입니다.

간추려 보기

- 코끼리나 돌고래, 침팬지 같은 동물들은 자아의식이 강하며 무리 생활을 하는 동물이라 동물원에 가두었을 경우 문제가 많이 발생한다.
- 코끼리는 사육하기에 매우 까다로운 생태 조건을 지닌 동물이다.
- 서커스나 트레킹에 동원되는 코끼리들 중 대부분은 파잔 의식을 치름으로써 사람에게 복종된다.
- 돌고래 쇼의 웃음 뒤에는 새끼 돌고래와 어미와의 슬픈 이별이 숨어 있다.
- 수족관 돌고래들은 이명, 좌절, 우울, 스트레스, 면역력 약화와 같은 각종 질환에 평생 시달려야만 한다.
- 돌고래들은 평생을 질병에 시달리고 우울증을 앓아 늘 위장약을 달고 살고 있다.

5

CHAPTER

동물 쇼와 체험 행사는 왜 나쁜가?

동물들을 쇼에 올리면, 언젠가 그 동물들의 복수를 달게 받아야 할지 모른다. 한편,
다양한 동물들의 체험 행사를 하면 동물들은 물론이고, 체험 행사에 참여하는 사람들
도 피해를 입을 수 있다는 것을 명심해야 한다.

최근 들어, 동물을 만지거나 먹이를 주는 행사가 부쩍 많아졌습니다. 흔히 이를 체험전 혹은 체험 동물원이라고 부릅니다. 백화점, 전시관 등에서 일시적인 행사를 하기도 하고 동물원에서 일 년 내내 상시로 펼쳐지기도 합니다. 외국에서는 이를 '페팅 주'(petting zoo)라고 부릅니다. 최근 들어 이 페팅 주가 유행하게 된 이유는 첫째, 비용이 적게 들어가고 둘째, 많은 노력을 들이지 않아도 많은 관람객을 끌 수 있다는 점 때문입니다.

전문가 의견

페팅 주는 관람객들이 질병 위험에 대한 정보를 쉽게 알 수 있도록 '인수공통전염병'의 위험을 알리는 정보를 게재하도록 하고 있다. 또한 모든 체험 시설에는 손을 씻는 시설을 마련하고 음식을 먹기 전과 후에 동물을 만졌다면 모두 손을 씻도록 하고 있다.

— 영국아일랜드동물원수족관협회 기준

사람들은 되도록 동물들을 먼 곳에서보다 가까이에서 보는 것을 좋아합니다. 또 그냥 보는 것보다는 실제로 만지거나 먹이를 주게 하면 더욱 좋아하지요. 사람들이 동물원에 가는 가장 큰 이유는 동물을 실감 나게 보기 위한 것이지요. 게다가 같은 돈을 지불하더라도 보다 많은 동물을 보거나 평상시에 볼 수 없는 동물을 보게 된다면, 그 **희귀성** 때문에라도 관람객의 큰 인기를 받을 수 있을 것입니다.

우탄이의 이유 있는 반항

오랑우탄은 전 세계적으로 멸종위기종에 속해 있습니다. 인도네시아 밀림은 팜유 농장이 지어지면서부터 숲이 많이 불탔어요. 곧 이어 오랑우탄이 살던 서식지가 파괴되었고, 결국 오랑우탄은 희귀종이 되었습니다. 물론, 밀림에 오랑우탄이 잘살고 있을 때에도 오랑우탄은 사람들이 잘 볼 수 있게끔 개체 수가 많은 동물은 아니었습니다. 온전한 자연 생태계에서도 오랑우탄은 개체 수가 적은 동물에 속해 있었기 때문이니까요. 그런데 동물원에서 오랑우탄을 아주 가까이에서 볼 수 있고, 함께 사진도 찍을 수 있다고 홍보한다면, 대부분의 사람들은 어떤 반응을 보일까요? 아마도 그렇게 홍보한 동물원의 동물들은 사람들에게 많은 인기를 누릴 수 있겠지요.

2000년대 초반, 한 동물 전문 방송 프로그램이 있었습니다. 여기에 우탄이라는 오랑우탄이 등장했습니다. 당시, 우탄이는 자전거를 탄 채 사람들 앞에서 재롱을 부리거나, 먹을 것을 받아 먹거나, 함께 사진을 찍기도 했습니다. 우탄이의 인기는 매우 높았습니다. 그러다 어느 순간 우탄이는 방송에서 싹 사라졌습니다.

그렇게 된 사연은 이러했습니다. 티브이 프로그램을 통해 인기를 한참 얻고 있던 즈음, 어느 사이 우탄이는 쇼에 나가는 것을 극히 꺼렸다고 합니다. 예정된 방송 녹화를 위해 사육사들이 우탄이를 끌어 내려다가 사고까지 발생했습니다. 사육사의 팔이 심하게 부상을 입게 된 것이지요. 이후 아무도 우탄이를 제압하지 못했습니다. 이미 덩치가 너무 커 버린 우탄이는 성인 사육사 여섯 명이 달라붙어도 제어하지 못하게 된 상태였지요. 애초부터 문제는 우탄이 같은 오랑우탄을 쇼에 이용했다는 것에 있습니다.

우탄이 같은 오랑우탄은 말레이어인 오랑우탄(oran hutan)에서 유래했습니다. 이 말은 '숲에 사는 사람'을 뜻합니다. 동물 분류로는 영장목(Primates) 사람과(Hominidae)에 속합니다. 즉 오랑우탄은 인간과 매우 유사한 영장류에 속해 있습니다. 우탄이에게 발생한 사건의 가장 큰 원인은 바로 우탄이가 생각하고 판단할 줄 아는 존재라는 점입니다.

자신에게 주어진 임무가 지루하거나 하기 싫다면 하기 싫다는 표현을 할

▌ 우탄이 같은 오랑우탄은 영장류로서 자아의식을 갖추고 있다. 이런 동물의 경우, 자신에게 가해지는 부당한 요구에 반발하는 행동을 보일 수 있다.

줄 알았던 것이지요. 우탄이 같은 영장류는 코끼리, 돌고래 같은 동물처럼 '자아의식이 있는 존재'로 알려져 있습니다. 다시 말해서, 자기 자신이 처한 위치나 자신의 행동, 성격 따위에 대해서 깨닫는 존재라는 말입니다. 이처럼 자아의식이 있는 우탄이가 스스로 쇼를 거부하자, 타고난 큰 몸집과 힘 때문에, 사람들이 그를 제압하기가 어려웠던 것입니다. 이런 영장류의 특징 때문에 미국동물원수족관협회는 영장류를 쇼와 오락거리에 이용하지 않도록 권고하고 있습니다.

2000년대 중반 이후, 간간히 등장했던 일명 '체험 동물원'은 2010년 이후 꾸준히 증가했습니다. 만지고 먹이 주고 함께 사진 찍는 방식의 프로그램이 주를 이루었습니다. 2000년대 중반에 주로 등장했던 패턴은 방학 기간 동안 백화점 같은 곳의 전시관을 대여해 열리는 체험전이었습니다. 파충류 등 평상시에 보기 힘든 동물도 있었고, 간간히 햄스터 같은 작은 동물을 만지는 코너도 있었습니다. 그런데 2000년대 말에 이런 체험 행사는 상설 전시관으로 등장하곤 했습니다.

전문가 의견

침팬지, 오랑우탄 등 대형 유인원은 거울 실험을 통해서 자아의식이 있는 것으로 밝혀져 있다. 즉 이는 자신의 행동을 진지하게 고민하고 남의 입장에서 객관화할 수 있는 인식 능력을 갖추고 있다는 뜻이다.

– 고든 갤럽 미국의 심리학자

한 업체가 서울과 인천의 한 지하철 역사를 빌려 열린 상설 체험전은 전형적으로 동물을 만지는 체험 프로그램이었습니다. 비슷한 시기에 이런 프로그램은 동물원 내에서도 등장했습니다. 토끼, 염소, 사슴에게 먹이를 주거나 햄스터, 기니피그를 만지는 프로그램이 주를 이루었지요. 이런 형태의 체험전은 양이나 염소를 키우는 농장에서 체험 농장이라는 형태로 광고하면서 관람객들을 끌기도 했습니다.

체험전이 인기를 끄는 이유?

체험전이 인기를 끄는 이유는 무엇일까요? 일반적으로 사람들은 동물을 멀리서 보는 것보다 가까이에서 보는 것을 무척 선호합니다. 기회만 주어진다면 가까이에서 보는 것보다 만지는 것을 더 좋아할 수도 있지요. 사실, 이런 호기심은 관람객을 끄는 데 있어 중요한 요소입니다. 동물원은 규모에 따라 다르지만 대부분 관람객의 입장료로 운영되기 때문이지요. 되도록 적은 비용을 들여서 관람객들의 만족도를 높이기 위해 보다 자극적인 방식의 홍보가 효과가 있습니다.

이런 업체들은 체험전의 장점을 이렇게 설명합니다.

뱀은 무서운 동물이 아니다. 가까이에서 보고 만지면서 친숙해지는 좋은 학습 효과를 가질 수 있다. 우리 아이들은 도심에서 자라 자연의 아름다움을 체험하지 못한다. 체험전은 아이들에게 도심 속 자연을 느낄 수 있는 교육적 기회를 제공한다.

하지만 이러한 주장에는 몇 가지 문제점이 있습니다. 모든 아이들이 뱀을 만져야 할 이유가 없기 때문입니다. 뱀은 개나 고양이처럼 사람들과 교감하

▎ 동물을 만지거나 먹이를 주는 체험전은 홍보 쇼에 불과하지 아이들에게 학습 효과를 가져다
주지는 않는다.

기 어려운 동물입니다.

　뱀을 **반려동물**로 키울 수 있는 사람은 전문 지식을 갖고 훈련을 받은 사람들만이 가능합니다. 따라서 뱀을 만지는 체험 행사는 대다수 아이들에게 뱀을 친숙한 동물로 받아들일 수 있도록 하는 교육적 기회를 제공하는 것보다는 평상시에 만질 수 없는 동물을 만질 수 있을 뿐이지요. 다시 말해 그저 아이들의 호기심을 자극한 홍보 마케팅의 한 부분일 뿐이라는 거지요. 이렇게 하여 업체는 돈을 벌어들이는 것입니다.

체험전은 동물과 인간 모두에게 백해무익

　무엇보다 이러한 체험 프로그램은 동물들에게도 스트레스를 줍니다. 뱀이 잠을 자고 있거나 쉬고 있는데도 프로그램의 진행상 뱀을 깨울 수밖에 없지요. 한꺼번에 수십 명이 한 마리의 뱀을 만지는 것도 문제입니다. 사람의 입장에서는 한 번에 한 마리의 뱀을 만지는 것이지만 뱀의 입장에서는 한 번에 여러 명의 사람들이 자신의 몸을 만지는 것을 받아들여야만 하는 거지요. 그 스트레스가 뱀에게 어떤 영향을 줄까요?

문제의 심각성은 뱀 같은 야생동물의 경우 만성적 스트레스가 면역력의 약화를 가져오게 된다는 것입니다. 게다가 질병에 걸려도 증상이 늦게 나타나 이미 질병이 눈에 띄는 정도가 되면 곧바로 사망에 이르기까지 그리 많은 시간이 필요치 않게 됩니다.

뱀과 도마뱀 같은 파충류를 아이들이 만졌을 때 아이들의 건강에도 문제가 발생할 수 있습니다. 뱀 같은 파충류의 몸에는 살모넬라균이 있기 때문에 함부로 만졌을 경우 감염될 우려가 높습니다. 동물로부터 사람에게 전염되는 질병은 클라미디아, 크립토스포리디오시스증, 낭포, 랩토스피라병, 앵무병, 백선, 살모넬라, 파상풍, 톡소플라스마증, 톡소카라증 등이 있습니다. 이 때문에 미국동물원수족관협회 등 여러 협회의 지침에는 동물원에 다음과 같은 주의점을 권고하고 있습니다.

동물원이 페팅 주를 운영할 때는 백신 접종을 비롯한 예방 의학 프로그램을 함께 관리해야 합니다. 또한 손을 씻을 수 있는 공간과 손 세정제가 늘 구비되어 있어야 하며, 반드시 교육받은 직원에 의해 관리되어야 합니다. 또 아픈 동물은 절대 이용되어서는 안 됩니다. 동물 가까이에서 음식을 먹는 행위도 금지되어야 합니다. 동물원은 동물을 직접 만졌을 때 면역계 질환 등 여러 질병의 위험이 있다는 주의 사항을 반드시 알려 주어야 합니다. 질병 발견 시에는 바로 질병과 검역, 예방 관련 당국에 신고하도록 하는 시스템도 마련되어 있어야 합니다. 물론 이런 권고는 강제성을 갖고 있지는 않습니다. 하지만 이러한 법률이 이미 만들어진 나라도 있습니다.

2002년 미국 펜실베이니아주에서는 페팅 주에 손을 씻는 기구를 설치하고 동물에게서 인간에게 전염될 수 있는 질병 75가지가 있음을 알리도록 하는 법안을 통과시켰습니다.

이는 2000년 페팅 주를 방문한 어린이들이 대장균(E-coli)에 감염된 사례가 발생했기 때문입니다. 페팅 주는 동물의 건강에도 좋지 않고 인간에게도 악영향을 미칩니다.

오랑우탄과 사진을 찍는 행사가 여전히 진행중인 동물원은 자신들이 주

▎만지기 체험은 동물에게나 인간에게 모두 안 좋은 결과를 가져올 수 있다는 사실을 명심해야 한다.

2004년 미국 노스캘리포니아 박람회에서 2개의 페팅 주가 운영되었는데 이곳을 방문한 사람들 중 108명이 설사 증상을 일으켰다. 검사 결과 반 정도가 대장균(E-coli)에 심각하게 오염되어 있었고, 3명이 급성 신장 손상, 혼수 상태 등의 증상을 보이는 용혈성요독증후군(hemolytic uremic syndrome)에 감염되었음이 드러났다. 방문객들은 주로 양과 염소를 만지면서 감염되었는데, 문제는 직접 동물을 만지지 않더라도 여전히 감염의 위험이 있다는 것이다. 양과 염소 주변에 오염된 물건을 만지거나 분변을 밟았을 가능성, 넘어져 땅바닥에 손이 닿았을 가능성 등 오염의 근원은 다양할 수 있다.

관하는 바로 그 행사가 절대 '쇼'가 아니라고 말합니다. 단지, 오랑우탄의 생태를 설명하는 '생태 설명회'라고 말하지요. 체험, 생태 설명회, 공연 등 다양한 이름으로 관람객 앞에 서는 동물 행사들이 많습니다. 무엇이 동물에게 가장 해를 끼치는 일일까요?

동물 쇼의 시작

'동물 쇼'라고 불리는 동물 공연이 등장한 것은 1768년으로 사람이 말을 타고 묘기를 부리는 형태에서 시작되었습니다. 그 후 유럽에는 코끼리, 호랑이, 사자, 곰 등이 재주를 부리는 동물 공연이 성행했고, 이런 행사가 전국을 떠도는 이동 형태의 동물 쇼(서커스)로 발전하기도 했습니다.

동물을 이용한 공연을 동물 쇼, 동물을 만지거나 먹이 주기 등을 하는 행사를 동물 체험이라고 본다면 여기에는 여러 가지 형태가 있습니다. 첫째, 공연장이 있고 공연장에 들어가는 관람객들이 돈을 내고 들어가 공연을 보는 형태입니다. 19세기에서 20세기까지 호랑이, 사자가 조련사의 지시에 따라 장애물을 넘거나 앞발 들기, 뒹굴기 등의 묘기를 보이는 공연이 유행했습니다. 코끼리도 등장했지요. 코끼리들은 좁은 의자 위에 앞다리를 들고 서거나 물구나무 서기, 훌라후프 돌리기도 했습니다. 코끼리들은 큰 공연장에서 공연을 했고, 여러 지역을 순회하는 서커스에서도 공연을 했습니다. 여러 지역을 돌면서 벌이는 서커스 공연은 천막을 쳐놓고 하다가 다른 지역으로 옮겨가서 공연을 합니다. 그렇게 하려면 동물들은 다른 지역으로 이동할 때 좁은 철창에 갇혀 있어야 합니다.

동물 쇼가 인기를 끄는 이유

동물 공연이 인기를 얻게 된 하나의 계기가 있습니다. 공연을 관람하는 사람들 가운데 많은 수의 사람들은 철창 안에 멍하니 앉아 있는 동물들을 보는 것에 싫증을 느꼈습니다. 사람들은 기존의 동물 관람 방법에 의문을 제기했습니다.

사람들은 동물이 움직이는 것을 보고 싶어 했습니다. 하지만 관람객들에게 자연스럽게 움직이는 동물 모습을 보여 주면서 동시에 만족감을 가져다주기란 좀처럼 쉬운 일이 아니었습니다. 동물 다큐멘터리의 경우에도, 촬영자는 오랜 시간 동안 동물을 촬영한 다음에 촬영한 영상을 짧은 길이의 영상으로 편집하게 마련이지요. 자연 속에서 동물이 움직이는 모습을 마냥 그대로 다 보여 줄 수는 없습니다.

만일 그렇게 한다면 아마 대부분의 사람들이 지루해서 그 장면을 기다리지 못할 것입니다. 그렇기 때문에 짧은 시간 안에 동물의 움직임을 보여 줄 수 있도록 해야만 관람료를 능히 받을 수 있다고 여겨졌을 것입니다. 또한 사람들이 동물들의 자연 그대로의 모습을 보려고 한다면 사람들이 직접 동물들의 서식지로 나가야 할 것입니다. 그런데 사자가 움직이는 모습을 보기 위해 아프리카의 초원으로 나간다면 엄청난 비용이 들어가겠지요. 게다가 사람들이 동물의 움직임을 보면서 그걸 온전히 즐기기 위해서는 동물의 동작 하나하나의 특성을 매우 깊이 있게 이해해야 합니다.

한편, 동물이 자전거를 타고 장애물을 넘고 의자 위에 올라가는 것은 사람들이 이해할 수 있고 흔히 할 수 있는 동작이기도 하며 짧은 시간 안에 사람들이 보고 즐길 수 있는 동작이기도 하지요. 또한 동시에 사람들에게 새

▌ 동물 쇼는 아이들에게 자연의 모습을 왜곡되게 보일 가능성이 크다. 동물 쇼 내용의 대부분은 '동물의 의인화'일 가능성이 크기 때문이다.

로운 쾌감을 가져다줍니다. 사자나 호랑이는 맹수고, 사람들을 공격할 수도 있는 무서운 동물입니다. 사람들이 무서운 동물을 조련해서 훈련에 성공했다는 것은 다시 말해서 사람이 무서운 동물을 굴복시켰다는 것을 뜻합니다.

동물 쇼는 사람이 동물, 즉 자연을 굴복시켰다는 것을 보여 주는 하나의 명백한 증거가 되는 셈입니다. 하지만 아이들은 자연 상태에서는 절대로 할 수 없는 동물의 묘기 같은 것들을 관람합니다. 동물에게 인간과 비슷해 보이는 행동, 즉 동물의 다양한 묘기들을 보여 주는 일은 무척 비교육적인 것입니다. 아이들은 조련된 동물들의 묘기를 통해서 왜곡된 자연의 모습을 실제라고 배우고 믿게 되기 때문이지요.

싱가포르는 이동 동물 쇼가 법적으로 금지되어 있습니다. 또 코스타리카와 이스라엘은 동물 서커스가 전면 금지되었습니다. 체코와 덴마크, 핀란드, 인도, 스웨덴은 일부 동물에 대해, 벨기에와 에스토니아, 폴란드는 야생에서 생포한 동물을 쇼에 이용하는 것이 금지되었습니다. 전 세계적으로 동물 쇼는 줄어드는 추세이지요.

왜 그럴까요? 동물 쇼는 동물의 건강에도 나쁘고 사람에게도 매우 위험하기 때문입니다.

다큐멘터리 영화, 〈블랙피쉬〉

다큐멘터리 영화 〈블랙피쉬〉는 조련사를 죽인 범고래 틸리쿰의 이야기를 담고 있습니다. 씨월드라는 아쿠아리움에서는 범고래와 조련사의 공연을 보여 주는 대표적인 공연장입니다. 우리나라에서도 돌고래와 조련사가 함께 헤엄치는 공연을 선보이는 곳이 있지요. 범고래는 돌고래보다 몸집이 더 크

▌ 영화 〈블랙피쉬〉는 인간에 대한 자연의
복수를 그리고 있다.

기 때문에 쇼를 벌이면 그 모습이 더욱 화려해 보입니다.

틸리쿰은 관람객들이 보는 앞에서 처음으로 사람을 죽였습니다. 틸리쿰은 쇼 도중에 조련사의 발을 잡아 물속으로 들어갔고, 결국 물 밖으로 그를 내보내 주지 않았습니다. 당시, 현장을 목격한 사람에 의하면 여러 범고래들이 마치 어떤 일을 모의하는 것처럼 보였고, 그 모의를 주도한 것이 바로 틸리쿰인 것처럼 보였다고 합니다. 사고가 벌어지고 난 뒤, 틸리쿰은 다른 수족관으로 팔려갔습니다.

그로부터 8년 후 어느 날 아침, 틸리쿰은 어떤 남자의 시체와 함께 발견되었습니다. 그 남자는 조련사들처럼 고래들과 소통을 하고 싶었는지, 밤에 몰래 그곳을 찾아간 것이었습니다. 그런데 부검 결과 사체에 있던 상처는 그가 살아 있을 때와 죽었을 때 모두 생긴 것으로 밝혀졌습니다. 즉 죽은 뒤에도 계속해서 공격을 받았다는 것을 뜻하지요. 틸리쿰의 분노는 남자가 죽은 후에도 가라앉지 않았던 것일까요?

세 번째 희생자는 조련사 '던'이었습니다. 그날 틸리쿰은 지느러미를 흔드는 묘기를 보인 직후 먹이를 받기 위해 던에게 갔습니다. 하지만 던은 앞서 범고래들에게 호루라기를 불어 먹이를 모두 나누어 준 상태였습니다. 다른 조련사들은 이 사건과 관련해 틸리쿰이 던의 호루라기 소리를 듣지 못했을 것이라고 추정하고 있습니다. 던은 틸리쿰에게 먹이를 주지 못했고, 이에 틸리쿰은 화가 나고 좌절감을 느낀 듯합니다.

누군가는 이렇게 말합니다. 좁은 수족관 안에 20년 간이나 가둬 놓고 일을 시켰는데 분노와 좌절감이 어떻게 생기지 않았었겠냐고. 던이 물속으로 들어갔을 때 틸리쿰은 던의 팔을 물었습니다. 그것이 던의 최후였지요. 업체는 이것이 던의 실수이며 단순 사고라고 주장했습니다. 그러나 그것을 목격한 조련사는 한결같이 그것이 사고가 아니라고 말했습니다. 틸리쿰뿐만이 아닙니다. 이 외에도 범고래 등 돌고래 쇼와 공연으로 생긴 사고는 의외로 많습니다.

2008년 퀴라소(카리브 해에 있는 대표적인 돌핀 테라피 시설)에 있는 돌고래 체험관에서 숨을 쉬기 위해 수면 위로 올라온 돌고래가 관광객 세 명의 몸 위로 떨어지는 사고가 있었습니다. 업체는 이것을 단순 사고라고 주장했지만 돌고래 행동 전문가들은 돌고래가 마치 화가 난 것처럼 행동했다고 봤습니다.

1994년 12월 8일 브라질의 한 체험관에서 티아오(Tiao)라는 병코돌고래가 사람을 공격해 죽였다고 합니다. 그 당시, 그 사람은 티아오의 분수 공에 뭔

가를 쑤셔 넣으려다가 사고를 당했다고 합니다. 티아오는 이전에 있었던 29 건의 사고와 관련되어 있었습니다. 사람들은 티아오의 지느러미를 잡거나 등에 올라타려고 하다 공격을 당한 것이었지요.

결국 티아오는 자신을 괴롭히는 사람들 때문에 29번 이상을 참아왔던 것입니다. 어쩌면 돌고래들이 사람을 공격하는 이유는 그들이 참아왔던 화를 한번에 터트렸기 때문일지도 모릅니다.

던은 틸리쿰과 함께 늘 호흡하던 능숙한 조련사였습니다. 그런데 체험관에 방문하는 모든 고객은 돌고래에게 낯선 방문객입니다. 만약 틸리쿰이 하루에 열 명의 고객을 만난다면 이는 자아의식을 가진 고등 동물이 하루에 낯선 사람 열 명으로부터 자신의 몸을 만지는 것을 견뎌 내야 함을 의미하겠지요. 그런 생활이 반복되다 보면 돌고래의 좌절과 스트레스는 한순간에 분

▌ 돌고래의 좌절감과 우울감은 순식간에 상대에 대한 분노로 변해 버릴 수 있다.

노로 변해 버릴 수도 있답니다.

동물 쇼에 이용되는 동물들은 100퍼센트 고등 동물입니다. 이 말은 묘기를 위해 훈련하는 과정에서 스트레스를 받을 수 있는 가능성이 다른 동물들에 비해 더 높다는 것이겠지요. 일반적으로 전시용으로 쓰이는 동물보다 쇼에 이용되는 동물들이 더 많은 스트레스를 받는다는 연구 결과가 많이 나와 있습니다. 공연장 대부분은 관람객이 내는 소리 때문에 소음이 무척 큽니다. 수많은 관람객들이 지르는 소리를 듣거나 각종 시끄러운 음악이나 기계음에 노출되어 청각적 스트레스를 받기도 합니다. 이 때문에 전시되는 동물보다 쇼 동물들에게서 정형 행동이 더 많이 나타납니다.

틸리쿰 사건 이후, 그 아쿠아리움은 번식을 중단했고, 코끼리 쇼로 유명한 미국의 한 코끼리 단은 쇼를 포기했습니다. 쇼를 하던 코끼리가 관객석 안으로 돌진하거나, 자신을 훈련시킨 조련사를 찾아가 죽이는 일들도 자주 발생했습니다. 당시에는 일시적으로 생긴 사고라고 생각하는 사람들도 있었습니다. 하지만 최근 과학자들의 연구에 따르면 그 행동이 코끼리의 복수일 수도 있다는 분석이 나오고 있습니다. 동물 쇼는 관람객들에게도 위험한 것이지요. 좋은 동물원은 동물 쇼나 공연, 또 동물에게 먹이를 주거나 만지는 체험전을 하지 않는 동물원이어야 합니다.

간추려 보기

- 동물 쇼에 참여하는 동물들은 지능이 높으며 자의식 또한 강하다.
- 페팅 주는 동물에게나 사람에게 모두 해를 끼칠 수 있으므로 각별히 조심해야 한다.
- 인간과 감정을 교류할 수 없는 뱀 같은 동물을 만지게 하는 체험은 아이들의 학습에 결코 도움이 되지 않는다.
- 오랑우탄 같은 자의식이 강한 영장류 동물은 동물 쇼에 절대 참여시키지 않도록 주의해야 한다.
- 페팅 주 체험 행사에 참여하다가 각종 질병에 노출되는 경우가 많다는 사실을 명심해야 한다.
- 동물 쇼는 사람이 동물을 굴복시켰다는 쾌감을 가져다주지만, 동물에게 언제든 복수의 대상이 될 수 있음을 각오해야 한다.

6

CHAPTER

한국 동물원의 현황과 과제

한국 동물원은 여전히 동물에게 억압적인 상황을 풀어 주지 못하는 답답한 구조로 되어 있다. 좋은 동물원이 되기 위해서는 동물에게 자연을 되돌려 주어야 한다. 동물이 행복하지 못하면 그들을 보는 인간 또한 행복해질 수 없다.

한국의 동물원은 1909년 **창경원**에서부터 시작되었습니다. 그 후 1965년 부산, 1970년 대구, 1972년 광주 등에 동물원이 설립되기 시작했습니다. 1984년 창경원 동물원은 과천으로 이전했습니다. 한국의 동물원은 동물원 운영을 누가 하느냐에 따라 공영과 민영으로 나뉩니다.

공영 동물원은 지방 자치 단체에서 예산을 들여 운영하는 동물원을 의미하고, 민영 동물원은 개인이나 기업이 운영하는 동물원을 말합니다. 서울, 청주, 대전, 전주, 광주, 대구 등에는 공영 동물원이 설립되어 운영 중이고, 그 밖에 기업에서는 테마 파크 형태로 설립해 운영하는 곳이 있습니다. 최근에는 개인이 만들어 운영하는 작은 동물원들이 많이 생겨나고 있습니다.

공영 동물원은 각 지역에서 공원 관련법에 근거하며 만들어졌습니다. 이것은 근대 동물원과 비슷한 의미에서 만들어진 것이지요. 동물 공원은 시민을 위한 것이고, 아이들과 가족이 휴식을 즐기는 공원 안에 여러 동물들이 들어온 것입니다. 가족들은 나들이를 오고 그 과정에서 동물도 구경하게 되는 것이지요. 가족들과 시민들은 평상시에 볼 수 없는 동물들을 좋아하기 마련입니다. 코끼리, 사자, 호랑이 등 흔하게 볼 수 없는 동물을 보고 싶어

하는 것이지요. 시간이 지날수록 동물원들은 서로 어떤 동물을 가지고 있느냐, 얼마나 많은 동물을 가지고 있느냐, 얼마나 많은 시민들이 방문하느냐를 놓고 서로 경쟁하게 됩니다. 그러나 이는 동물 복지와는 전혀 관련이 없었습니다.

동물을 어떻게 대해야 하는지 교육받은 적이 없는 시민들은 입장료를 내고 들어와 많은 동물을 구경하거나 동물들을 놀리거나 물건이나 먹을 것 등을 던지는 일에 익숙해졌습니다.

한편, 보다 많은 시민들을 끌어와야 하기 때문에 동물원은 야간에도 개장하기 일쑤였지요. 아침부터 밤까지 관람객들에게 시달려야 하는 동물들에게 야간 개방은 여간 고역이 아니랍니다. 동물원은 보다 많은 동물을 보유해야만 돈을 벌 수 있다는 생각 때문에 기회만 있으면 많은 동물을 구해 왔습니다.

한국 동물원의 백화점식 전시

이렇게 여러 동물들을 한꺼번에 보유하고 전시하는 형태를 '백화점식 전시'라고 합니다. 직원 수에 비해 동물이 많다 보니 전문적인 지식을 가진 사람들도 없고, 수의사의 숫자도 모자랐지요. 무엇보다 의회에서 예산을 내 운영하는 곳이니 의원들은 공원에 많은 예산을 들일 필요성을 잘 느낄 수 없었습니다.

동물원이 전문 기관이라고 생각하지 못하는 것이지요. 입장료는 낮고 예산 투자도 안 하니, 아무리 동물원이 낡아도 새롭게 보수하는 일이란 쉽지가 않지요. 동물원 전시관은 수많은 동물들이 비좁은 곳에 살게 되니 건물도 쉽게 낡아집니다. 십 년 정도가 되면 의당 수리해야 하는데 시 의회에서 동물원에 대한 투자는 잘 하지 않습니다. 이런 이유들 때문에 지방의 작은 동물원들은 대부분 낡은 채로 오랜 시간을 지탱해 가고 있는 실정입니다.

▌ 방콕에 있는 사파리 동물원에서 동물에게 먹이를 주고 있다. 사파리 동물원 역시 야생 자연을 구현해 주는 야생 동물원이라고는 볼 수 없다.

테마 파크로 만들어진 동물원은 시민들이 즐기는 놀이 기구와 함께 건립된 형태의 동물원을 의미합니다. 시민들이 즐기러 온 곳이니만큼 동물원 역시 오락적 성격이 강합니다. 공연장도 있고 동물의 종류와 수도 많습니다. 사파리 프로그램도 있지만 그것은 차를 타고 동물을 구경하는 것일 뿐, 동물들의 전시관 자체가 아주 넓거나 자연 생태계와 같은 성격을 가진 야생 자연에 가까운 공간도 아닙니다. 본래, **사파리**는 자연 생태계가 그대로 살아 있는 곳에, 사람들이 직접 찾아가 차를 타고 그런 공간을 자연스럽게 둘러보는 곳을 의미하지요. 하지만 눈에 보이는 높은 시멘트벽만 없을 뿐, 동물원 내에 있는 사파리는 종종 동물과 동물 사이를 가르는 전압선 같은 위험한 물건이 가로놓여 있게 마련입니다.

좁은 공간에 있는 너무 많은 동물들

동물원은 세계 각국에서 온 다양한 동물들을 데려다가 보호하다 보니 많은 무리가 있는 것도 사실입니다. 코끼리는 덩치가 크고 넓은 서식지에서 살던 동물이고, 자의식이 있다고 할 정도로 꽤 영리한 동물입니다. 그런데 이런 코끼리가 열대 지방에서 살던 동물이기 때문에 겨울에는 실내 전시관에서 살아야만 합니다.

이런 탓에 동물원 측에서는 돈도 많이 들어갑니다. 하지만 동물들에게도 좁고 답답한 실내 전시관에 적응하며 지내는 일은 무척이나 고통스럽습니다. 한국의 여름은 매우 덥습니다. 그런데 북극에서 사는 북극곰이 한국의 여름을 견디는 것은 매우 힘든 일입니다.

2012년 한 동물원을 방문했을 때, 30도가 넘는 한여름에 실외 전시관에 나와 있는 북극곰을 본 적이 있었습니다. 그 북극곰은 2012년 수컷 북극곰이자 짝꿍인 친구가 죽자 여름에 에어컨이 나오는 실내 전시관으로 들어가지 않았다고 합니다. 아마도 큰 충격을 받은 것으로 보입니다. 당시 한국 내 동물원에는 북극곰이 딱 세 마리만 있었습니다. 그중 한 북극곰 전시관은 에어컨조차 없었습니다. 그나마 시민 단체가 항의하니까 어쩔 수 없이 만들어 준 것이지요. 2012년 한 북극곰이 사망한 이후, 우리나라에는 두 마리의 북극곰만이 남아 있습니다. 북극곰은 아주 극한적인 추위에 살아남도록 진화되었기 때문에, 털이 이중으로 되어 있습니다. 그런데 실외 기후가 10도가 넘어가면 털 사이에 '녹조'가 끼게 됩니다. 더운 지방의 북극곰들의 털이 녹색빛을 띠고 있는 것도 이러한 이유입니다.

　너무 많은 동물을 전시하려고 하다 보니 인기가 없는 동물들의 전시관은

┃ 추운 지방에서 살아야 할 북극곰이 더운 나라에 살아가는 것 그 자체만으로도 북극곰의 입장에서는 학대를 받는 일이라 할 수 있다.

환경이 더 좋지 않습니다. 거의 모든 동물 전시관에서 가장 인기가 없는 곳은 독수리 같은 맹금류관을 비롯한 조류관입니다. 독수리나 새를 보기 위해 동물원에 오는 사람들은 그리 많지 않습니다. 이런 이유로 새롭게 동물원을 수리하는 일이 생기더라도 이곳이 가장 늦게 수리되는 거지요. 참수리 같은 맹금류들은 높은 하늘에서 아래로 활강하면서 작은 쥐 같은 먹이를 사냥해 먹습니다. 그런데 대부분 동물원의 맹금류관은 마치 조금 큰 앵무새관처럼 만들어져 있습니다. 그런 탓에 아마도 동물원 내에서 날개를 펴고 날 수 있는 맹금류는 거의 없을 것입니다.

동물원은 전시하기 힘든 동물들, 우리나라 기후에 잘 맞지 않는 동물들의 전시는 앞으로 줄이고 우리나라에서 멸종해 가는 동물들을 보전하고 복원하는 데 더 힘을 기울여야 합니다. 동물원이 종 보전 기관으로 좋은 역할을 해야 하고, 아이들에게도 동물의 아름다움과 자연의 소중함을 교육하는 곳이 되어야 하기 때문이지요.

결국 공영 동물원이든 민영 동물원이든 누가 동물원을 운영하느냐가 중요하다기보다 어떤 원칙으로 동물원을 만들었느냐가 더 중요합니다. 동물들의 건강과 복지를 생각하는 동물원이냐가 더 중요하겠지요.

최근 동물원의 수는 더욱 늘어나고 있습니다. 공영 동물원이 낙후되어 발전하지 못하고 있는 사이에, 대기업 역시 돈이 되지 않는 동물원 설립에 선뜻 나서지 못하고 있습니다. 그러자 작은 동물원들이 곳곳에 설립되기 시작한 것이지요. 비용을 적게 들이고 이윤을 많이 얻을 수 있는 형태의 동물원이 유행하고 있습니다. 그중 하나가 실내 체험 동물원입니다. 이제까지의 동물원은 여름과 겨울에는 관람객 수가 줄어들기 마련이었습니다. 그러나 실내 동물원은 일 년 내내 동물을 보러 올 수 있다는 점을 내세워서 선전하고 있습니다.

실내 동물원은 일 년 내내 햇빛조차 받지 못하는 동물들이 생겨날 수 있습니다. 그래서 동물들의 건강에 매우 악영향을 끼칠 수 있답니다.

더군다나 쉽게 동물을 보고 즐길 수 있다는 점을 선전해야 하기 때문에, 만지기 체험과 먹이 주기 체험을 주로 하고 있습니다. 만지기 체험은 동물들이 스트레스를 많이 받을 수 있는 체험입니다. 관람객 수를 제한하고 스트레스를 덜 받게 해준다고 한들, 관람객이 원하면 이를 적극적으로 막기는 어렵겠지요. 왜냐하면 관람객들이 동물원에 비용을 내고 있으니까요. 먹이 주기 체험의 경우, 대부분 동물 먹이를 동물원에서 팔고 있습니다. 과일이나 당근 같은 채소를 팔고 있지요. 물론 이런 음식이 모든 동물들에게 나쁘지는 않습니다.

하지만 문제는 하루 종일 이것만 먹게 되었을 때이지요. 먹이를 맛있게 받아먹어야만 관람객들에게 기쁨을 주게 되니, 사육사들이 아침부터 먹이를 주지 않고 굶기기도 합니다. 모든 동물들은 그 동물의 종에 맞는 영양분이 들어 있는 음식을 먹어야 합니다. 하지만 모든 동물들이 과일과 채소만 맛있게 받아먹다 보면, 영양이 불균형하게 되거나 부족하게 되어 결국 동물의 건강을 해치게 됩니다.

먹이 주기 체험전을 하다가 동물들이 다치는 경우도 있습니다. 최근에는 전시관 앞에 구멍을 뚫어놓고 그 안에 먹이를 넣어 주는 곳도 많이 생겼습니다. 어른의 손가락은 잘 들어가지 않지만 아이들의 손가락은 작아서 들어가는 데 무리가 없지요. 그냥 먹이를 주는 경우도 사고가 나기는 마찬가지입니다. 먹이는 전문적으로 훈련 받은 사육사들이 주는 것이 사고를 줄일 수 있는 가장 좋은 방법입니다. 또한 각 종의 특성에 맞게 먹이를 준비해서 주는 것도 매우 중요합니다.

▌ 동물원은 가두고 감금하는 공간이어서는 안 된다. 자연 생태계가 진화하듯이 동물원도 계속 진화해 나가야 할 것이다.

▎ 아프리카 탄자니아에 있는 세렝게티 국립공원. 동물 종의 보전보다 더욱 중요한 것은 동물
이 살 수 있는 환경을 지켜 나가는 것이다.

최근 아쿠아리움(수족관)에도 체험 프로그램이 늘어나고 있습니다. 그것은 돌고래의 수입도 어렵고 몸집이 큰 해양 포유류 관리도 어렵게 되자, 돈은 적게 들고 많은 사람들을 방문하도록 홍보하기가 쉽기 때문입니다. 자연 생태계도 진화해 나가듯이 동물원도 조금씩 진화해 갑니다. 그러나 그 진화가 동물도 행복하고 그 동물을 보는 사람들에게도 좋은 효과를 주는 방향으로 향해야 하겠지요.

동물을 학대하는 것이 아니라 동물을 보호하는 좋은 동물원이 되기 위해서는 다음과 같은 조건이 필요합니다. 동물원은 자연적인 공간이 아닙니다. 적은 돈과 적은 직원의 수로는 계속 늘어나는 동물들을 감당할 수 없습니다. 동물도 행복하고 그 동물을 보는 사람들에게도 좋은 교육적 효과를 주기 위해서는 동물원이 앞으로 어떤 방향으로 나아가야 할 것인지를 반드시

성해야 합니다.

21세기 동물원은 많은 동물을 가두어 두고 구경하는 곳이 되어서는 안 됩니다. 돌고래나 코끼리 같은 자아의식을 가진 고등 동물을 보전하기에 동물원은 매우 열악한 공간입니다.

중요한 것은 돌고래나 코끼리가 살고 있는 자연 생태계를 잘 보전하는 데 더욱 노력해야 합니다. 아무리 우리가 동물원에 동물들을 많이 보호하고 있어도, 이후에 그들이 돌아갈 자연이 없다면 동물을 보호하는 의미가 전혀 없겠지요. 동물을 이용해 돈을 벌고자 하는 기관이 어떤 성격을 지닌 곳인지에 대해서 반드시 알아야 합니다. 만지기, 먹이 주기 체험은 동물들의 건강을 많이 해칩니다. 또 동물 공연은 100퍼센트 고등 동물을 이용하고 있기 때문에, 금지할 필요가 있습니다.

간추려 보기

- 진정한 의미에서의 동물 복지를 생각할 때가 드디어 찾아왔다.
- 한국의 동물원은 여러 동물들을 동시에 가두는 '백화점식' 전시 동물원의 위치에서 탈피해야 한다.
- 기후 환경에 맞지 않는 동물 전시를 줄여야 한다. 북극곰을 전시하기보다 북극곰이 사는 서식지를 보전하도록 하는 것이 우선이다.
- 만지기 체험이나 먹이 주기 체험을 하는 동물원이 줄어들도록 노력해야 한다.
- 동물원은 동물들을 감금하는 공간이 아니라 생태계처럼 보다 진화해 가는 진화의 공간이어야 한다.
- 사람의 힘으로 만들어진 인공적인 동물원이 자연과 닮은 자연적인 동물원으로 변신하도록 해야 한다.

마무리하며

우리가 사랑하는 동물들을 어떻게 하면 행복하게 할 수 있을까? 앞으로 보다 새로운
의미의 생태 동물원이 만들어질 수 있도록 보다 많은 사람들의 노력이 필요하다.

사람들은 동물을 보면 행복해진다고 말합니다. 전 세계의 다양한 동물을 한 곳에서 볼 수 있는 것처럼 신나는 일도 없을 것입니다. 아무리 인터넷이 발달한 사회라도 다큐멘터리에서 보던 동물을 우리 눈앞에서 직접 볼 수 있다면 그것처럼 행복한 일도 없을 것입니다. 어린 시절을 비롯하여 매우 오랜 시간 동안, 우리는 동물원에서 꿈을 키워 갔습니다.

아마 동물원은 영원히 없어지지 않을지도 모릅니다. 사람들은 살아 있는 동물을 보는 즐거움을 포기하지 않으려고 하니까요. 하지만 우리가 철창 속에 가둬져 있고 시멘트 위에 앉아 멍하니 있는 동물을 보면 동물에 대한 좋은 감정이 아니라 오히려 공포감이 더 커진다는 연구 결과도 있습니다. 아직도 동물원에 과자를 던지거나 동물을 놀리거나 동물에게 소리를 질러 동물들의 잠을 깨우는 관람객들이 있습니다. 지금도 봄 가을 소풍 때가 지나고 나면 많은 동물들이 죽습니다. 관람객들이 던져준 먹이를 먹고 설사가 시작되다가 끝내 설사가 멎지 않으면 그대로 죽고 마는 것이지요.

질병의 원인을 따지는 것은 그다음 문제입니다. 한번 설사가 시작되고 잘 멈추지 않게 되면 치료비가 많이 들어갑니다. 일부 나쁜 업자들은 치료비와

새로 동물을 사오는 가격을 비교하기도 합니다. 아픈 동물을 치료해 주느니 그냥 다른 동물을 사오는 것이 더 비용이 적게 든다고 생각하는 것입니다. 우리는 애초에 동물이 병에 걸리지 않도록 예방하는 것이 필요합니다. 사람들이 동물원 동물들에게 함부로 대하는 것에는 동물원 환경이 좋지 않은 것도 중요한 원인으로 작용합니다. 동물원의 환경이 변하면 관람객의 태도도 변할 수 있습니다.

간혹 동물원이 너무 열악해서 아이들을 동물원에 데리고 가야 할지 망설여진다고 말하는 어른들이 있습니다. 제대로 먹지 못하고 시멘트 바닥에 누워 잠만 자고 있는 동물을 보면서 아이들이 무엇을 배울 수 있을까요? 시민 단체의 요구로 유인원관을 바꾼 한 동물원을 방문한 적이 있습니다. 그 유인원관은 십 년 전에는 공간이 비좁고 차디 찬 시멘트 바닥으로만 된 곳이었습니다. 몇 년 전, 그곳은 보다 넓은 곳으로 바뀌어졌고, 실외 전시관도 울창한 숲으로 변했습니다. 사육사는 시간이 되면 상자를 들고 나와 오랑우탄에게 던졌습니다. 오랑우탄은 그 상자를 받아 열고, 그 안에서 물건을 꺼냈습니다. 장갑을 꺼내고, 옷을 꺼냈지요. 사육사는 그 물건들이 오랑우탄이 평상시에 좋아하는 것들이라고 했습니다. 오랑우탄은 장갑을 꺼내 자신의 손에 껴 보았습니다. 오랑우탄은 사육사들이 하는 행동을 보고 배운 것입니다.

사육사는 오랑우탄이 학습 능력이 있고 도구를 잘 사용할 수 있다는 이야기를 관람객들에게 해주었습니다. 그들은 거의 동물이 아니고 인간에 가깝다는 말도요. 오랑우탄은 저녁이 되면 상자 속 장난감을 가지고 놀기 어렵다는 것도 알았습니다. 저녁 무렵이 되면 그것을 가지고 실내에 있는 자신

▌ 동물은 우리 인간이 잡아 가두기에는 너무나 아름답고 소중한 존재다.

의 방으로 들어갑니다. 밤에 가지고 놀기 위해서지요. 숲에 사는 사람인 오랑우탄은 숲은 아니지만 숲처럼 형성된 곳에서 살고 있으며, 사람들에게 감동을 주는 존재가 되었습니다. 만약 우리가 동물원을 존중해야 한다면 이 정도의 환경은 되어야겠지요. 아이들도 그런 환경이라면 동물을 더 깊은 마음으로 사랑할 수 있을 것입니다.

　외국의 좋은 동물원은 차츰 이런 환경으로 동물원을 변화시키고 있습니다. 고래는 가두지 않는다는 원칙을 가진 미국의 한 수족관을 방문한 적이 있습니다. 각 서식지 환경에 맞는 환경을 조성한 전시관을 구경한 후 고래를 보기 위해 밖으로 나왔습니다. 배를 타고 두 시간을 갔지요. 고래가 잘 출몰하는 곳으로요. 관람객들은 흔들리는 배 위에서 한 시간 가량을 기다렸습니다. 저 멀리서 고래가 보였습니다. 꼬리가 살짝 보이고 물을 뿜는 모습이 잠깐씩 보였습니다. 관람객들은 환호성을 보냈지요.

　가까이에서 보지 못하고 그것도 몸의 일부를 잠깐 보는 것이었습니다. 수족관 측은 관람객에게 고래를 아주 잠깐 보여 주는 정도에 만족해야 했어요. 하지만 그들의 선택은 옳았습니다. 그렇게 하는 것이 고래를 힘들게 하지 않는 방법이란 걸 이미 알았던 것이지요. 우리가 고래를 집아 가까이에서 보고 싶어하면 아마도 새끼 고래는 엄마와 너무 일찍 떨어져 살아야 할지도 모릅니다. 그것은 옳지 않지요. 지구에서 살고 있는 동물은 우리 인간이 잡아 가두기에는 너무나도 아름답고 소중한 존재이니까요.

간추려 보기

- 사람들이 동물을 보는 즐거움을 느끼는 한 동물원은 사라지지 않는다.
- 관람객의 부주의로 매년 많은 수의 동물이 동물원에서 죽어 나간다.
- 관람객의 태도를 바꾸려면 무엇보다 동물원 자체의 환경이 변해야 한다.
- 좋은 동물원은 동물과 사람 모두를 행복하게 한다.

용어 설명

감금 드나들지 못하도록 일정한 곳에 가둠.

개체 수 하나의 독립된 생물체의 수. 살아 가는 데에 필요한 독립적인 기능을 갖고 있는 것의 수자.

골토성 땅을 파헤치는 성질.

관절염 관절에 생기는 염증.

관행 오래전부터 해 오는 대로 함. 또는 관례에 따라서 함.

그늘막 그늘이 생기도록 천막처럼 치는 물건. 텐트와 비슷하나 벽이 없이 삼면 또는 사면이 뚫려 있다.

근친 교배 혈연이 매우 가까운 것 사이의 교배를 말한다. 가축이나 가금의 혈통을 보존하거나 품종을 개량하기 위하여 행한다.

노아의 방주 노아가 하나님의 계시로 만든 네모진 잣나무 배. 그의 가족과 짐승들을 이 배에 태워 대홍수를 피할 수 있게 하였다고 한다.

다큐멘터리 실제로 있었던 어떤 사건을 사실적으로 담은 영상물이나 기록물.

동물 산업 동물과 관련 있는 산업.

모성 여성이 어머니로서 가지는 정신적·육체적 성질. 또는 그런 본능.

모의 어떤 일을 꾀하고 의논함.

반려동물 사람이 정서적으로 의지하고자 가까이 두고 기르는 동물. 개, 고양이, 새 따위가 있다.

번식 붇고 늘어서 많이 퍼짐.

벌목 멧갓이나 숲의 나무를 벰.

사파리 야생 동물을 놓아기르는 자연공원에 자동차를 타고 다니며 차 안에서 구경하는 일. 원래는 스와힐리어로 '여행'이라는 뜻이다. 사냥을 하기 위하여 사냥감을 찾아 원정하는 일을 이르던 말이다.

사회성 사회생활을 하려고 하는 인간의 근본 성질. 인격, 혹은 성격 분류에 나타나는 특성의 하나로, 사회에 적응하는 개인의 소질이나 능력, 대인 관계의 원만성 따위이다.

상아 코끼리의 엄니. 위턱에 나서 입 밖으로 뿔처럼 길게 뻗어 있다. 맑고 연한 노란색이며 단단해서 갈면 갈수록 윤이 난다. 악기, 도장, 물부리 따위의 공예품을 만드는 데 쓴다.

서열 일정한 기준에 따라 순서대로 늘어섬. 또는 그 순서.

순록 사슴과의 하나. 몸의 길이는 1.8미터, 어깨의 높이는 1미터 정도이며, 여름에는 어두운 갈색, 겨울에는 갈색이고 여러 갈래로 된 큰 뿔이 있다. 가을철에 교미하여 7~8개월 만에 한 마리의 새끼를 낳는다. 야생하기도 하나 길들여 가축처럼 기르기도 하는데 다리가 길고 억세어 마소처럼 부린다. 고기와 젖은 식용하고 가죽은 의복, 천막, 구두 따위를 만드는 데 쓴다. 지의류를 먹고 가을철에 남방 삼림 지대에 떼지어 이동하며 북극 지방에 분포한다.

순치 짐승을 사람이 대하기에 편하도록 길들이는 일.

시민혁명 부르주아 혁명이라고도 한다. 자본가 계급이 주도권을 쥐고 봉건 제도를 타파하여 자본주의적인 정치, 경제 체제를 확립한 사회 혁명을 말한다. 17세기 영국의 명예혁명, 18세기의 프랑스 혁명이 대표적이다.

아종 종(種)을 다시 세분한 생물 분류 단위. 종의 바로 아래이다. 동일한 종에서 주로 지역적으로 떨어진 집단이 인정될 때에 사용된다.

안락사　극심한 고통을 받고 있는 불치의 환자에 대하여, 본인 또는 가족의 요구에 따라 고통이 적은 방법으로 생명을 단축하는 행위.

영장류　영장목의 동물을 일상적으로 통틀어 이르는 말.

유전학　유전 현상을 연구하는 학문.

유칼립투스　도금양과의 상록 교목 또는 관목. 높이는 100미터 이상이며, 잎은 흰 분으로 덮여 있고 피침 모양이다. 3~11월에 노란색, 흰색, 붉은색 따위의 꽃이 피고 열매는 반구형이다. 고무질 진과 기름이 나와 기름, 고무, 타르의 원료로 쓰고 나무는 건축재로 쓴다. 오스트레일리아가 원산지이다.

이명　주변에서 소리가 안 나는데도 귀 안에서 잡음이 들리는 상태.

인류학자　인류와 그 문화의 기원, 특질 따위를 연구하는 사람.

인종주의　인종 사이에 유전적 우열이 있다고 하여 인종적 멸시, 박해, 차별 따위를 정당화하는 주의. 순혈주의와 인종 차별을 낳으며, 나치의 반유대주의, 백인의 흑인 차별 따위가 전형적인 예이다.

인종차별　인종 사이에 유전적 우열이 있다고 하여 인종적 멸시, 박해, 차별 따위를 정당화하는 주의. 순혈주의와 인종 차별을 낳으며, 나치의 반유대주의, 백인의 흑인 차별 따위가 전형적인 예이다.

자본주의　생산 수단을 자본으로서 소유한 자본가가 이윤 획득을 위하여 생산 활동을 하도록 보장하는 사회 경제 체제.

자의식(자아의식)　자기 자신이 처한 위치나 자신의 행동, 성격 따위에 대하여 깨닫는 일.

제국주의　우월한 군사력과 경제력으로 다른 나라나 민족을 정벌하여 대국가를 건설하려는 침략주의적 경향.

창경원 일제 강점기에, 창경궁 안에 동·식물원을 만들면서 불렀던 이름. 창경궁의 격을 낮추기 위한 일제의 책략이었던 것으로 보아 일부 동·식물원을 서울대공원으로 옮기고 1983년에 다시 '창경궁'으로 고쳤다.

초음파 사람의 귀에 소리로 들리는 한계 주파수 이상이어서 들을 수 없는 음파.

코알라 코알라과의 유대류. 몸의 길이는 65~82cm이며, 성질이 온순하고 새끼를 주머니에 넣어 키우다가 반 년 정도 지나면 업어 기른다. 나무 위에 사는데 오스트레일리아 동남부에 분포한다.

파시즘 제1차 세계 대전 후에 나타난 극단적인 전체주의적·배외적 정치 이념. 또는 그 이념을 따르는 지배 체제. 자유주의를 부정하고 폭력적인 방법에 의한 일당 독재를 주장하여 지배자에 대한 절대적인 복종을 강요한다. 또한 대외적으로는 철저한 국수주의, 군국주의를 지향하여 민족 지상주의, 반공을 내세워 침략 정책을 주장한다.

폐사율 전체 대비하여 쓰러져 죽은 비율.

항온동물 조류나 포유류처럼 바깥 온도에 관계없이 체온을 항상 일정하고 따뜻하게 유지하는 동물.

희귀성 드물어서 특이하거나 매우 귀한 성질.

CITES 멸종 위기에 처한 야생 동식물의 국제 거래를 일정한 절차를 거쳐 제한함으로써 멸종 위기에 처한 야생 동식물을 보호하는 협약.

연표

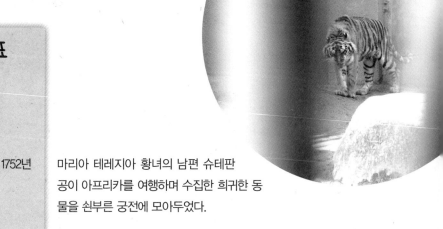

1752년 마리아 테레지아 황녀의 남편 슈테판 공이 아프리카를 여행하며 수집한 희귀한 동물을 쇤부른 궁전에 모아두었다.

1765년 쇤부른 궁전 안의 동물들이 일반에 공개되면서 쇤부른 동물원이 되었다.

1768년 사람이 말을 타고 묘기를 부리는 동물 쇼가 시작되었다.

1828년 런던동물원이 과학적 연구를 위한 표본 수집을 목적으로 개관하였다.

1847년 런던동물원이 일반에 공개되었다. 런던동물원은 과학적 연구를 병행하는 동물원으로서는 세계에서 가장 오래된 동물원이다.

1872년 미국 최초의 국립공원인 옐로스톤 국립공원이 만들어졌다. 옐로스톤 국립공원은 와이오밍, 몬타나, 아이다호주에 걸쳐 있으며, 사람을 전혀 의식하지 않고 자연스레 돌아다니는 수많은 야생동물을 만날 수 있다.

1909년 한국 최초의 동물원인 창경원이 만들어졌다. 그 뒤 1965년 부산, 1970년 대구, 1972년 광주 등에 동물원이 설립되기 시작했다.

1948년 국제자연보전연맹(ICUN)이 설립되었다. 현재 국가, 정부기관 및 NGO의 연합체 형태로 발전한 세계 최대 규모의 환경단체. 본부는 스위스의 제네바 인근의 글랑에 있다.

1964년	루스 해리슨(Ruth Harrison)이 제2차 세계내전 이후 집약화된 공장식 축산을 비판적인 시각으로 고찰하면서 '동물 복지'라는 개념이 등장했다.
1966년	국제자연보전연맹의 '레드 리스트'가 작성되었다. 대한민국 환경부에서도 한국판을 발행하여 생식 환경의 변화를 더듬어 분류 군에 따라 정리하고 있다. 종의 보존법에 따른 희소 식물의 보호나 무질서한 자연 파괴를 방지하는 환경 평가의 기초 자료로 다양하게 활용하고 있다.
1970년	고든 갤럽이 '거울 실험'을 실행했다. 거울 실험은 동물 앞에 거울을 놓아두고, 동물이 거울에 비친 자기 모습을 구분하는지에 따라 자기 인지 여부를 측정하는 실험이다.
1984년	창경원 동물원이 과천으로 이전했다.
1984년	영국에서 동물원 면허제가 시작되었다. 동물원 설립자는 매년 현황을 보고하고, 정기적으로 실태 점검을 받아야 하며, 그 결과를 토대로 면허 갱신 여부도 결정하게 된다. 그러나 우리나라에서는 열악한 지방 동물원이 이 조건에 맞추기 어렵다는 이유로 동물원 면허제 도입이 잘 이루어지지 못하고 있는 실정이다.
1994년	브라질의 한 체험관에서 티아오(Tiao)라는 병코돌고래가 사람을 공격해 죽였다.

2000년	영국 환경식품농업부에서 현대 동물원 운영 지침을 발표했다. 여기에서 동물원 동물 복지의 다섯 가지 기본 원칙이 제시되었다.
2002년	미국 펜실베이니아 주에서는 페팅 주에 손을 씻는 기구를 설치하고 동물에게서 인간에게 전염될 수 있는 질병 75가지가 있음을 알리도록 하는 법안을 통과시켰다.
2008년	퀴라소(카리브 해에 있는 대표적인 돌핀 테라피 시설)에 있는 돌고래 체험관에서 숨을 쉬기 위해 수면 위로 올라온 돌고래가 관광객 세 명의 몸 위로 떨어지는 사고가 났다. 업체는 단순 사고라고 주장했지만 돌고래 행동 전문가들은 돌고래가 마치 화가 난 것처럼 행동했다고 봤다.
2011년	푸틴 대통령이 이명박 전 서울시장에게 시베리아호랑이 로스토프를 선물했다.
2013년	서울동물원에서 사육사가 시베리아호랑이 로스토프에게 물려 죽는 사건이 발생했다.
2014년	덴마크 코펜하겐 동물원에서 마리우스라는 기린이 안락사 되었다. 마리우스를 안락사 시킨 코펜하겐 동물원은 유럽 내 시민들의 비판에 맞서 '생물 다양성 확보를 위해 필수적인 조치'라고 주장했다.
2016년	대한민국에서 동물원법 및 수족관 관리에 관한 법률이 제정되었다.

더 알아보기

동물을 위한 행동 www.actionforanimals.or.kr

'동물을 위한 행동'은 2012년 동물원 동물(captive animals)을 위한 전문 단체로 출범했다. 서구에서는 동물 보호 운동의 발전 과정에서 동물이 처한 다양한 조건에 맞게 전문 단체가 설립되어 왔다. 본 프리(Born Free), 주 체크 캐나다(Zoo Check Canada) 같은 단체가 그것이다. '동물을 위한 행동'도 같은 맥락에서 설립되었다. 한국의 동물원은 법과 제도의 사각 지대에서 시민들의 휴식 공간이나 오락 도구로 전락되어 왔으며, 현재 상업적 체험관과 동물원이 늘어나고 있는 추세다. '동물을 위한 행동'은 상업화되고 있는 한국의 동물원이 토종 멸종위기 동물의 종 보전과 연구 기관으로서의 역할을 할 수 있도록 노력하고 있다.

서울동물원 http://grandpark.seoul.go.kr

1984년 개장한 서울대공원은 서울 창경궁 복원 사업의 일환으로 창경궁의 동물원과 놀이 시설을 경기도 과천시로 이전하면서 개원했다. 현재 공원의 총 부지 면적은 약 913만㎡로, 근린공원 면적이 약 667만㎡고 기타 면적이 청계산 내 임야 지역으로 약 246만㎡에 달한다. 근린공원 가운데 동·식물원의 면적은 약 242만㎡이다.

동물자유연대 http://www.animals.or.kr

동물자유연대는 동물 운동에 대한 인식과 기반이 전혀 마련되어 있지 않던 2000년에 자원 방사를 구성해 활동을 해 나가던 중, 그 한계를 넘어서기를 바라는 회원들의 마음을 모아 2001년 동물 운동 단체로서는 처음으로 서울에 사무실을 마련했고 상근 활동가를 구성하는 등 동물 운동의 체계화를 시작했다. 우리 사회에 유기 동물 입양 문화를 선도해 나갔고, 동물 보호 관련법 개정 및 제정 등, 동물들이 보다 더 나은 삶을 살기를 바라는 마음들이 모여 만들어진 단체다.

동물학대방지연합 http://foranimal.or.kr

동물학대방지연합은 유기동물 구조, 치료, 보호, 입양 등 유기동물을 위한 사업을 하고 있으며 유기동물보호소도 양주에 운영하고 현재 유기동물이 180마리 가까이 있다. 동물의 고통과 학대를 방지하기 위한 각종 캠페인도 실시하고 있다. 반려동물 식용 금지, 채식 장려, 동물 학대 방지, 동물보호관련 법령 제정, 동물 보호 캠페인, 교육, 야생동물들을 위한 정책 제안, 농장 동물의 복지 등 동물 보호 전반에 걸친 사업을 실시하고 있다.

동물원을 지키는 사람들

"동물원 안의 동물들은 기본적으로 '야생동물'이에요. 그러니까 임상 증상이 늦게 나타나죠. 임상 증상이란, 병이 생겼을 때 몸에 나타나는 증상을 가리켜요. 전날까지는 괜찮았는데 다음 날 동물이 죽어 있는 경우를 자주 발견할 수 있지요. 중요한 것은 임상 증상이 나타나기 전에 동물의 건강을 제대로 알 수 있도록 주의를 기울여야 한답니다."

한 동물원 수의사 선생님이 하신 말씀이에요. 우리가 동물원에 가면 동물원에서 일하는 직원 분들을 자주 만나게 됩니다. 그들 중 대부분은 동물이 좋아서 동물원에

취직했겠지만, 막상 그들이 맞닥뜨리는 동물원의 환경은 그리 좋지 않지요. 동물 전시 시설 안으로 먹이를 던지거나 동물을 괴롭히는 사람들로부터 동물을 지켜야 하고, 적게 책정된 예산안 안에서 어렵사리 일해야 하니까요. 또 동물의 건강을 미리 체크할 수 있는 시스템이 잘 갖추어져 있지 않아서, 혼자 많은 일들을 도맡아서 해결해야 할 경우도 많지요.

우리가 동물원 환경을 변화시켜야 하는 이유는 동물을 위한 것이기도 하지만, 동물을 사랑하는 사람들을 위한 것이기도 해요. 동물이 불행해지면 동물을 보호하고 사랑하는 사람들도 함께 불행해지기 때문이지요.

좋은 동물원? 나쁜 동물원?

'동물원에 갇혀 있는 동물들이 너무 불쌍해요. 반드시 우리에게 동물원이 필요한 것일까요?'라고 묻는 분들이 간혹 있습니다. 동물원 동물들 중 대부분이 본래 자신이 살던 생태계에서 벗어나 인위적인 공간에서 살고 있는 것이 사실입니다. 하지만 전 세계 생태계가 이미 파괴되어 가고 있고 멸종위기종을 보호해야 할 의무가 우리에게 있는 것 또한 사실이에요. '좋은 동물원'은 멸종위기종을 체계적으로 연구하고 그들을 본래 생태계의 조건과 환경에 맞게 보호하는 동물원이에요. 한편, '나쁜 동물원'도 있답니다. 동물을 함부로 만지게 해서 동물들이 스트레스를 받게 하거나 동물과 사람 모두에게 질병에 걸릴 위험도를 높이는 동물원 말이에요. 먹이 주기 체험을 시키는 동물원도 역시 동물들에게 영양 불균형을 가져다주곤 한답니다. 게다가 동물을 이용한 공연을 하는 과정 중에 동물들이 자신의 신체 조건과 맞지 않는 훈련을 받게 되는 경우도 있어요. 예를 들어, 돌고래 쇼, 코끼리 쇼, 물개 쇼처럼 동물을 이용하여 공연을 벌이는 동물원이 있는데, 이와 같은 동물원을 좋은 동물원이라고 할 수는 없겠지요. 좋은 동물원에는 반드시 투자가 필요하고, 나쁜 동물원에는 반드시 규제가 필요해요. 시민들이 동물원을 바라보는 제대로 된 시각을 갖춘다면, 수많은 동물원들은 좋은 동물원 쪽으로 조금씩 변화할 거예요.

제인 구달의 생명 사랑 십계명

첫째, 우리가 동물 사회의 일원이라는 것을 기뻐하자.

둘째, 모든 생명을 존중하자.

셋째, 마음을 열고 겸손히 동물에게서 배우자.

넷째, 아이들이 자연을 아끼고 사랑하도록 가르치자.

다섯째, 현명한 생명 지킴이가 되자.

여섯째, 자연의 소리를 소중히 여기고 보존하자.

일곱째, 자연을 해치지 말고 자연으로부터 배우자.

여덟째, 우리 믿음에 자신을 갖자.

아홉째, 동물과 자연을 위해 일하는 사람들을 돕자.

열째, 우리는 혼자가 아니다. 희망을 갖고 살자.

보호해야 할 동물의 범위는 어디까지인가요?

살아 있는 모든 동물은 소중해요. 하지만 우리는 모든 동물을 보호하고 살릴 수는 없어요. 그래서 법에서는 보호 대상 동물을 '척추동물'로 한정하고 있어요. 척추동물은 신경 체계가 발달되어 있어 고통을 경험할 수 있거든요. 하지만 '무척추동물'의 경우도 고통을 피하려는 경향을 가지고 있다는 연구 결과가 나오고 있답니다. 한편, 보호 대상이 되는 척추동물의 경우에도 우리가 먹거나 실험용으로 어쩔 수 없이 사용해야 하는 동물의 경우, 최대한 고통을 없애고 이용하도록 법으로 규정하고 있어요.
다음은 우리가 일상에서 동물을 위해 해야 할 실천 사항을 소개할게요.

첫째, 되도록 육식을 줄인다.
둘째, 동물 실험을 하지 않은 화장품을 사용한다.
셋째, 동물을 학대하는 동물원에 가지 않는다.
넷째, 반려동물을 키우고 싶을 때는 신중하게 생각하고 입양 후에는 죽을 때까지 책
임을 진다.

우리는 모든 생명을 다 살릴 수는 없어요. 하지만 생활 속에서 작은 실천을 함으로
써 세상을 바꾸어 갈 수는 있어요.

동물원 관람 에티켓 10계명 - 출처 서울동물원

1. 사람이 먹는 음식이나, 동물이 먹는 풀도 주지 마세요
    동물마다 정해진 식단이 있어요.

2. 자는 동물을 깨우지 않게 조용히 관람하세요
    소리지르거나 유리창을 두드리면 동물들이 놀라요.

3. 동물 우리에 가까이 가면 위험해요
    동물들에게 물리거나 다칠 수 있어요.

4. 동물에게 물이나 쓰레기를 던지지 마세요
    동물이 상처를 입거나 이물질을 먹고 아파해요.

5. 사진을 찍을 때는 플래시를 꺼주세요

빛이 반사되어 동물들이 놀라고 스트레스 받아요.

6. 눈으로만 관람해 주세요

만지거나 먹이주기 체험은 정해진 동물원만 해요.

7. 혼자 있는 동물을 보고 슬퍼하지 마세요

혼자 생활하는 동물도 있어요.

8. 사육사노트와 설명판을 먼저 읽고 관람하세요

동물에 대해 많이 배울 수 있어요.

9. 동물을 사랑하는 어른들의 모습을 보여주세요

우리 아이들에게 좋은 교육이 될 거예요.

10. 관람시간을 꼭 지켜주세요

동물들도 휴식이 필요해요.

찾아보기

내인생의책은 한 권의 책을 만들 때마다
우리 아이들이 나중에 자라 이 책이 '내 인생의 책'이라고 말할 수 있는 책을 만들고자 합니다.

세상에 대하여 우리가 더 잘 알아야 할 교양

(51) 동물원 좋은 동물원은 있을까?

전채은 지음

초판 인쇄일 2017년 10월 27일 | 초판 발행일 2017년 11월 10일
펴낸이 조기룡 | 펴낸곳 내인생의책 | 등록번호 제10-2315호
주소 서울시 마포구 동교로12길 3 2층
전화 (02) 335-0449, 335-0445(편집) | 팩스 (02) 6499-1165

ISBN 979-11-5723-345-8 (44300)
978-89-97980-77-2 (세트)

책값은 뒤표지에 있습니다. 잘못된 책은 구입처에서 바꾸어 드립니다.

이 도서의 국립중앙도서관 출판시도서목록(CIP)은 e-CIP 홈페이지(http://www.nl.go.kr/ecip)에서 이용하실 수 있습니다.
(CIP제어번호: 2017026513)

내인생의책에서는 참신한 발상, 따뜻한 시선을 가진 원고를 기다리고 있습니다. 원고는 내인생의책
전자우편이나 홈카페를 이용해 보내 주세요. 여러분의 소중한 경험과 지식을 나누세요.

전자우편 bookinmylife@naver.com | **홈카페** http://cafe.naver.com/thebookinmylife

어린이제품안전특별법에 의한 제품 표시

제조자명 내인생의책 | **제조년월** 2017년 11월 | **제조국** 대한민국 | **사용연령** 5세 이상 어린이 제품
주소 및 연락처 서울시 마포구 동교로12길 3 2층 (02) 335-0449 | **담당 편집자** 박호진

디베이트 월드 이슈 시리즈

세상에 대하여 우리가 더 잘 알아야 할 교양

전국사회교사모임 선생님들이 번역 및 창작한 신개념 아동·청소년 인문교양서!

《디베이트 월드 이슈 시리즈 세더잘》은 우리 아이들에게 편견에 둘러싸인 세계 흐름에서 벗어나 보다 더 적확한 정보와 지식을 제공합니다. 모두가 'A는 B이다.'라고 믿는 사실이, 'A는 B만이 아니라, C나 D일 수도 있다.'라는 것을 알려 주면서 아이들이 또 다른 진실을 발견하도록 안내합니다.

★ 전국사회교사모임 추천도서 ★ 문화체육관광부 우수교양도서 ★ 한국간행물윤리위원회 청소년 권장도서 ★ 서울시교육청 추천도서
★ 보건복지부 우수건강도서 ★ 아침독서 추천도서 ★ 대교눈높이창의독서 선정도서 ★ 학교도서관저널 추천도서

① 공정무역 ② 테러 ③ 중국 ④ 이주 ⑤ 비만 ⑥ 자본주의 ⑦ 에너지 위기 ⑧ 미디어의 힘 ⑨ 자연재해 ⑩ 성형 수술 ⑪ 사형제도 ⑫ 군사 개입 ⑬ 동물실험 ⑭ 관광산업 ⑮ 인권 ⑯ 소셜 네트워크 ⑰ 프라이버시와 감시 ⑱ 낙태 ⑲ 유전 공학 ⑳ 피임 ㉑ 안락사 ㉒ 줄기세포 ㉓ 국가 정보 공개 ㉔ 국제 관계 ㉕ 적정기술 ㉖ 엔터테인먼트 산업 ㉗ 음식문맹 ㉘ 정치 제도 ㉙ 리더 ㉚ 맞춤아기 ㉛ 투표와 선거 ㉜ 광고 ㉝ 해양석유시추 ㉞ 사이버 폭력 ㉟ 폭력 범죄 ㊱ 스포츠 자본 ㊲ 스포츠 윤리 ㊳ 슈퍼박테리아 ㊴ 기아 ㊵ 산업형 농업 ㊶ 빅데이터 ㊷ 다문화 ㊸ 제노사이드 ㊹ 글로벌 경세 ㊺ 플라스틱 오염 ㊻ 청소년 노동 ㊼ 저작권 ㊽ 인플레이션 ㊾ 아프리카 원조 ㊿ 젠트리피케이션

세더잘 50

젠트리피케이션 무엇이 문제일까?
정원오 지음

저소득층에도 삶을 개선할 경제적 기회를 부여하며, 도시가 활성화된다.
Vs. 도시에 대한 권리 침해이며, 지역의 경제 및 문화 생태계를 파괴한다.

젠트리피케이션은 전 세계 주요 도시에서 공통으로 발견되는 현상입니다. 서로 다른 역사를 가지고 있으며, 경제적 발전수준과 문화적 특징도 다 제각각인데도 똑같은 사회현상이 발생하는 것이죠. 젠트리피케이션이 발생하는 이유는 무엇일까요? 이 책은 젠트리피케이션이 발생하는 원인을 둘러싼 지리적, 과학적, 사회적 관점에서 서술하며 우리가 알지 못했던 젠트리피케이션의 근본적 원인에 대해 풍부한 사례와 함께 다루고 있습니다.

세더잘 49

아프리카 원조 어떻게 해야 지속가능해질까?
위문숙 지음

아프리카 원조는 아프리카를 위한 것이다.
Vs. 현재의 원조는 강대국의 배만 불릴 뿐이다.

어려움에 처한 아프리카를 도와야 하는 것은 당연한 일입니다. 하지만 그 방법이 오히려 강대국의 부만 늘려주고 있다면 어떨까요? 천문학적인 금액이 투입되어도 3,000원의 치료제가 없어 죽어가는 아이들이 생기는건 어째서일까요?

세더잘 48

인플레이션 양적 완화가 우리를 살릴까?
홍준희 지음

인플레이션 10% Vs. 세금 10%
어느 쪽이 우리에게 더 유리할까요?

돈을 더 찍어서 시중에 푸는 정책과 세금을 더 거두어들이는 정책. 사람들은 당연히 첫 번째 정책을 선택합니다. 하지만 돈을 더 찍어내면 그만큼 물가가 올라 거둘 수 있는 세금 역시 늘어나고 말지요. 그렇다면 세금을 더 거두는 정책이 좋은 정책일까요? 이 책은 양적 완화와 인플레이션을 중심으로 우리가 경제에 관해 알고 있던 상식을 다시 한 번 생각해 보게 합니다.

세더잘 47

저작권 카피라이트냐? 카피레프트냐?
김기태 지음

저작권은 반드시 법으로 보호해야 한다.
Vs. 일정한 요건을 갖춘 경우에는 저작권자의 허락이 없더라도
　　저작물을 이용할 수 있도록 해야 한다.

저작권의 역사와 종류, 저작권으로 보호받는 저작물은 어떤 것들인지, 저작권의 자유 이용을 허용하는 CCL, 어떻게 저작권을 이용해야 하는지 인터넷 세대인 아동청소년들이 꼭 알아야 할 저작권에 대한 모든 지식을 알려 줍니다.